보육시설 조직문화와 보육서비스의 질

보육시설 조직문화와 보육서비스의 질

조인숙

한국학술정보[주]

 머 리 말

현대 사회에서 보육은 자녀를 양육하기 위해 필수적인 사회지원체계로서, 또한 인적자원개발을 위한 유아교육 체계로 확고히 자리매김하고 있다. 보육이 일반화, 보편화된 이 시대에서 그 질(quality)은 가정의 안정이나 행복만큼이나 자라나는 영·유아의 행복과 능력에 결정적이며 중대한 역할을 하게 되었다. 이제 우리는 보육이 방만하게 이루어짐을 간과할 수 없으며 보육의 질을 높이기 위한 연구와 실천에 집중해야 한다.

지난 수년간 보육시설을 운영하면서 시설장의 능력과 리더십에 따라 보육시설 환경이 그리고 보육서비스 내용이 얼마나 달라지는지를 눈과 몸으로 체험할 수 있었다. 보육시설 운영자는 유아교육이나 보육만 알면 된다는 생각은 정말 잘못된 생각이었다. 한 개의 조직을 관리하고 경영해야 함에도 경영이나 행정에 대한 지식이 전혀 없이 주먹구구식으로 운영됨으로써 교사들은 몰입하지 못하고 소모적인 갈등을 야기하는 등 조직 효과성을 전혀 창출하지 못하는 사례가 많다.

　　본 연구를 통해 건강한 조직문화를 만들어가는 것이 교사 개인의 능력의 효과성을 높이고 결국은 보육서비스 질을 높이는 중요한 요인임을 보다 분명히 알게 되었다. 보육시설 시설장은 예쁜 환경으로 만들고, 재미있는 행사, 견학을 계획할 수 있으면 훌륭한 운영자라고 인정해 왔다. 하지만 앞으로는 보육행정과 보육 경영에 보다 관심을 갖고 전문 경영인, 훌륭한 리더로서 좋은 보육시설 만들기를 실천하여야 할 것이다.

　　끝으로 부족한 원고임에도 불구하고 기꺼이 책으로 발간해 주신 한국학술정보(주) 사장님께 감사의 말씀 전하며 이것이 보육의 발전에 작은 도움이 되기를 바란다.

2007. 9.

時雨 조 인 숙

목 차

I. 서 론

1. 연구의 필요성 및 목적

보육의 시작은 부모나 가정의 보호를 받지 못하는 요보호 아동에 대한 구호적인 측면에서 출발하여 산업화와 경제 발전과 함께 여성 경제력 창출이라는 측면으로 변화되면서 발전해 왔다. 1980년대에 접어들면서 경제 성장과 더불어 맞벌이 가정의 증가와 함께 핵가족화라는 사회 양상의 변화가 급속도록 이루어졌고, 보육은 가정에서의 여성 역할을 대신해 주는 대안적인 측면으로 변화되었다. 1991년 영유아보육법의 제정 이후 지금에 이르기까지 약 15년이라는 짧은 기간 동안 보육은 급격한 발전이 이루어졌으며 부모 양육을 대신하는 기능을 넘어 국가의 인재 양성을 위한 조기 교육의 방안으로 대두되기에 이르렀다. 보육은 이제 이 시대의 자녀양육을 위한 중요한 수단이며, 21세기를 대비한 효과적인 유아교육 방법인 것이다. 최근 조사에 의하면 인구, 가족환경의 변화, 여성의 경제 활동률의 변화와 영·유아기에 대한 인식 변화 등으로 인하여 가정의 책임으로만 여겨져 왔던 자녀양육의 양상에 많은 변화를 가져왔다. 21세기의 자녀양육은 가정에서 부모에 의해서만 이루어지는 것이 아니라, 많은 수가 양육지원 서비스를 이용하고 있으며 그중 기관을 이용하여 자녀양육을 하고 있는 비율이 증가하고 있는 것으로 나타나고 있다[1]. 2006년 12월 현재 29,233개의 보육시설에서만이 아동이 보육서비스를 받고 있으며 영·유아기의 교육을 위한 유아교육기관을 이용하는 사례를 살펴보았을

---

[1] 서문희, 임유경, 박애리(2002)에 의하면, 60.6%가 양육지원 서비스를 이용하고 있으며 그중 52.5%가 기관을 이용하고 있다.

때에도 유치원(41.7%)보다도 보육시설(58.3%)에서 영·유아기 교육을 받으며 자라나는 비율이 증가하고 있는 실정이다(나정, 2003). 이처럼 양육의 관점에서 기관을 이용하는 사례가 증가하면서 유아교육기관의 질은 더욱 중요한 요소로 인식되고 있으며, 특히 보육시설은 유치원에 비해 어린 나이부터 양육과 교육을 전담하며 오랜 시간 머문다는 점에서 그 질적 수준은 더욱 중요하다 하겠다.

여러 연구(Howes, Philips & Whitebook, 1992; Berk, 1985; Vandell & Powers, 1983; Howes & Olenick, 1986; Phillips, McCarney & Scarr, 1987)에서 밝혔듯이 보육 경험이 아동 발달에 부정적인 영향을 미친다기보다는 어떠한 질적 수준의 보육경험을 했는가 하는 것이 아동발달에 직접적인 영향을 주게 된다. 즉 양질의 보육을 받는 영아가 낮은 질의 보육을 받은 영아보다 더 사회 지향적이고 또래들과 더 긍정적으로 관계를 형성하며(Howes, Philips & Whitebook, 1992), 낮은 질의 보육경험은 아동의 발달을 저해하게 된다(Berk, 1985). 또한 보육의 질은 부모의 양육태도 및 갈등, 스트레스 등에 영향을 미치며, 이러한 부모의 양육태도와 스트레스가 아동발달에 더 밀접한 영향을 미치게 된다(Vandell & Powers, 1983; Howes & Olenick, 1986; Phillips, McCarney & Scarr, 1987; Choen & Pompa, 1994; Patricia, 2000; 조인숙, 1997; 오미경, 1998; 김영아, 1999; 이경선, 2000). 따라서 보육이 보편적인 아동의 양육방법으로 인식되고 있는 현 시대에서 양질의 보육을 위한 연구와 노력은 매우 중요한 일이다. 양질의 보육을 위해서는 우선적으로 양질의 보육을 결정하는 요소를 찾고 이를 적용하고 개선하는 일이 이루어져야 하며, 특히 보육의 질에 영향을 미치는 요소를 심도 있게 분석하는 일은 양질의 보육을 위한 실제적인 방향 모색에 근간이 되기 때문에 더욱 중요하다.

지금까지 우리나라에서는 양질의 보육을 결정하는 요인을 분석한 연구는 교사의 질이 교육의 질을 결정한다는 맥락에서 교사와 관련된 요인에 집중되고 있다. 교사 관련 변인과의 관계를 분석한 연구를 살펴보면, 교사 관련 변인이 보육의 질에 긍정적인 상관이 있다고 밝힌 연구도 있지만, 부정적인 관계, 혹은 상관이 없다고 밝힌 연구도 있다. 이러한 연구들을 살펴보면 Vandell과 Powers(1983)을 비롯한 여러 연구자들(Howes & Olenick, 1986; Phillips, Scarr & McCartpty, 1987; Arnett, 1989)은 교사 훈련기간이 보육의 질에 중요한 영향을 미친다고 하였으며, Berk(1985), Phillips, Scarr와 McCartpty(1987)는 교사의 경력, 교사의 학력 등이 보육서비스의 질적 수준에 긍정적인 영향을 미치며, 이들은 보육서비스의 질적 수준을 높이는 데 매우 중요한 요인이라고 밝히고 있다. Patricia(2000)는 교사에 대한 보상과 교사훈련이 질에 영향을 미치며, 특히 질에 영향을 미치는 여러 요인 중에서 교사의 훈련, 교사의 안정성과 같은 요인은 유아나 가정과의 개별적인 관계, 반응적인 교수방법의 수준과 관련이 있다고 하였다.

이와는 반대로 교사 개인 변인이 보육서비스 질에 대해 부적 관계이거나 의미가 없음을 밝힌 연구들도 있다. Thompson(1992)은 교사의 학력과 경력은 보육의 질과 상관이 없다고 하였으며, 이숙·오선영(1998), 오미경(1998)의 연구에서도 교사의 학력, 자격, 경력, 재교육 정도 등은 보육의 질과 상관이 없다고 밝혔다. 이경선·이영석(2001)의 연구에서는 교사의 연령, 교사의 경력, 교사의 연수량은 오히려 보육의 질에 부적인 영향을 미쳐 교사의 연령이 높을수록, 교사의 경력과 연수량이 많을수록 오히려 질이 낮게 나타나기도 했다.

이처럼 교사 개인 변인과 보육의 질과의 관계에서는 일관된 결과를 보이지 않는다. 그러나 교사의 이직률이나 직무만족도와 같은 시설 관련 요인이 보육서비스의 질과 관련이 있다는 것을 일관성 있게 설명하고 있다. 보육교사의 이직률이 높은 것은 열악한 근무조건에서 그 원인을 찾을 수 있으나 구성원 간 갈등, 조직문화의 동질성 내지 일치감의 부재, 충성심 및 조직몰입의 부재에서도 그 원인을 찾을 수 있다. 교사 개인이 영·유아 보육이라는 일을 수행함에 있어 시설장의 철학이나 보육의 목표와 교사 개인의 가치관과의 일치성, 시설장의 지도력, 동료 간 갈등으로 인한 스트레스, 근무조건, 보육시설의 운영방침 등 여러 요소에 의해 개인이 지니고 있는 여러 특성들이 긍정적으로 혹은 부정적으로 작용할 것이다. 즉 보육교사는 보육시설이라는 조직에서 그곳의 구성원으로서 보육이라는 업무를 수행하는 것으로 그들 개인이 지니고 있는 능력은 조직이라는 맥락 안에서 발현된다. 그 조직이 추구하는 목표와 가치관에 따라 개인이 가진 배경은 효율적으로 발현될 수도 있고 그렇지 않을 수도 있다. 그 조직이나 일에 애착을 느끼지 못하거나 성실하게 또는 헌신적으로 업무를 수행할 수 없는 조직이라면 개인이 갖고 있는 특성은 그 가치를 발현하지 못하고, 소외감, 이직의향(turnover intention) 등을 갖고 보육을 소홀히 하게 되며, 이는 영·유아에게 직접적인 영향력을 미치게 될 것이다. 이처럼 보육서비스의 질에 결정적 역할을 하는 교사에게 영향력을 미치는 중요 변인은 그 조직의 특성임에도 불구하고 그동안의 보육서비스 질과 관련된 연구와 노력은 교사의 특성 내에만 주력하여 왔다.

현재 우리나라의 보육시설은 국가 및 지방자치단체에서 운영하는 국·공립 시설과 개인 및 법인단체에서 운영하는 민간시설, 직장에서 설립 운영하는 직장보육시설과 놀이방 등이 있다. 이들 보육시설의 유형은 교사 대 아동 비율이나 물리적 환경에 대한 기본적 기준은 동일하나 운영을 위한 지원, 자산규모, 담당 행정 관계자의 관리지도 수준은 각기 다르다. 어떠한 다양한 물리적 환경과 조건하에서도 교사의 수준은 물론 양질의 보육을 생산할 수 있다. 그것은 연구자들에 의해 밝혀졌듯이 보육의 가장 중요한 요소는 교사와 아동과의 관계(Stone, 1993)에 기인하기 때문이다. 그러나 교사가 개별적인 양질의 자질을 조직 내에서 효과적이고 일관성 있는 기술로 발휘하기 위해서는 교사 개인의 자질만으로는 불가능하며 공통의 목표를 위해 지속적으로 노력하고 발전하려는 동기가 요구되며 좋은 보육을 실천하려는 태도와 신념을 갖고 실천하도록 이끌어 주는 지지체계 기반이 필요하다. 이것이 공통의 목표를 추구하는 조직에서의 생산적인 문화라고 볼 수 있다.

한편, 조직구성원들을 함께 결합시켜 주는 공유된 가치와 행동(Kilmann, 1988) 또는 조직의 근본 가정과 신념, 가치관(Jones, 1983)을 조직문화라고 한다. 보육시설은 행정가, 교사, 유아, 행정직원, 그리고 학부모 등으로 구성되어 있으며, 이들 구성원이 '교육하는 것', '보육하는 것'을 제도적인 목표로 하는 사회적 조직이며, 기관 고유의 조직문화를 갖고 있다. 여러 연구에서 조직문화가 조직구성원의 태도와 행동에 영향을 주고(Deal & Kennedy, 1982; Kilmann, 1984) 어떤 조직에서 조직성과나 서비스 질 향상과 관련이 있다는 것은 이미 알려져 있다(Smircich, 1983; Mintzberg, 1983; Schein, 1985; Kast & Rosenzweig, 1985). 학교조직이나 기업조직에서 이와 관련된 연구가 많이 이루어져 왔는데, 그것은 조직문화는 조직구성원들에게 일체감을 갖게 하고 조직 내에서 자신의 존재가치와 언행의 기준을 다 같이 공유하고 있는 신념과 가치판단에 의해서 스스로 알 수 있도록 함으로써 조직의 목표달성을 촉진하기 때문이다(Mintzberg, 1983). 어떤 조직문화는 높은 조직성과와 적극적 관계가 있고, 어떤 조직문화는 조직성과에 부적절할 수 있고, 또 다른 문화는 능률적 운영을 증진하거나 방해하기도 한다(Westoby, 1988). 이처럼 환경이 복잡해지고 급속도로 발전하는 구조에서는 어느 분야의 일이건 관리의 효율성이나 조직이론의 관점을 탈피해서는 그 수준의 향상을 논하기 어렵다. 보육시설을 사회적인 한 조직체라는 관점에서 주요 조직구성원인 교사가 양질의 보육을 실천하도록 하기 위해서 효율적인 조직관리를 통한 운영 전략적 측면의 노력은 매우 중요한 일이다. 급격한 사회환경 변화에 적응하고 새로운 변화를 통해 보육의 질적 수준을 높이기 위해서는 교사 개인의 변화와 향상만으로는 이루어지기 어려우며, 조직의 맥락에서 조직구성원들의 사고는 물론 태도와 행동에 영향을 주는 조직관리의 효율성 측면이 함께 접근되어야 한다.

이러한 필요성에 따라 최근 조직 관련 변인과 조직문화에 대한 관심이 높아지면서 유아교육 분야에서도 기관의 조직문화를 밝히고 조직문화의 효과를 밝힌 연구가 조금씩 이루어지고 있다. 유아교육기관의 조직문화를 다룬 연구는 김동춘(1999)의 유아교육기관의 조직문화와 조직효과성과의 관계를 밝힌 연구, 이순자(2001)의 병설유치원 교직문화의 특질 연구, 김재환(2003)의 유아교육기관의 조직문화 진단 도구 개발 연구 등이 있다. 하지만 보육서비스 질의 향상 요인으로 조직문화를 분석한 연구는 전무한 실정이다.

따라서 본 연구는 두 가지 필요성에 의해 설계되었다. 첫째는 보육서비스 질 향상을 위해 지금까지는 개인적 측면과 구조적 측면에 대한 연구에 주력하고 있고 조직의 운영관리 측면에 대한 연구는 미흡하였다. 따라서 보육서비스 질에 대한 관련 변인으로서 보육시설 조직문화에 대한 분석이 이루어져야 한다. 둘째, 보육서비스의 질을 높이기 위해서는 개인의 자질향상만으로는 그 효과를 거두기 어려우며 효율적인 조직관리가 함께 이루어져야 한다. 따라서 보육시설을 보육서비스를 제공하는 운영체로서 사회적 기능 측면에서 접근함으로써 보육서비스 질 향상 요인으로서 조직문화가 어떻게 기능하는가를 분석할 필요가 있다.

본 연구는 이러한 필요성에 따라 다음의 내용을 분석하고자 한다. 첫째, 보육서비스 질에 대한 관련 변인으로서의 조직문화를 분석하고자 한다. 둘째, 우리나라 보육시설의 조직문화 유형을 분석하고, 보육서비스 질과의 관계를 분석하고자 한다. 셋째, 교사 및 시설 관련 변인과 보육서비스 질의 관계에서 조직문화의 역할을 분석하고자 한다. 이러한 분석을 통해 보육서비스 질 향상을 위한 주요 변인으로서 조직문화를 밝히고, 보육서비스 질 향상을 위한 효율적인 운영 전략으로서 조직문화 강화의 중요성을 밝히는 데 본 연구의 목적이 있다.

2. 연구문제

본 연구는 위의 연구목적에 따라 크게 세 개의 부분 연구로 구분하였다. 첫째, 전반적인 보육서비스 질적 수준과 관련 변인의 보육서비스 질에 대한 영향력을 분석한 연구와, 둘째, 조직문화 유형과 보육서비스 질 간의 관계를 보다 구체적으로 분석하려는 연구, 그리고 셋째, 개인배경 및 시설 관련 변인과 보육서비스 질의 관계에서 조직문화의 매개효과를 검증하는 연구 모형이다. 세 개의 연구문제를 설정하고 각각에 세부적인 하위문제를 설정하여 분석하였다.

구체적인 연구문제는 다음과 같다.

**연구문제 1. 교사 및 시설 관련 변인과 보육서비스 질의 관계는
어떠한가?**

   1-1. 개인배경변인에 따른 보육서비스 질은 어떠한가?

   1-2. 시설특성변인에 따른 보육서비스 질은 어떠한가?

   1-3. 교사 및 시설 관련 변인, 조직문화의 보육서비스 질에 대
한 영향력은 어떠한가?

**연구문제 2. 보육시설 조직문화 유형과 보육서비스 질의 관계는
어떠한가?**

   2-1. 보육시설 조직문화의 유형은 어떠한가?

   2-2. 보육시설 조직문화의 유형에 따른 보육서비스의 질은 어
떠한가?

**연구문제 3. 교사 및 시설 관련 변인과 보육서비스 질과의 관계에서
조직문화의 매개효과는 어떠한가?**

   3-1. 교사 개인배경변인과 보육서비스 질의 관계에서 조직문
화의 매개효과는 어떠한가?

   3-2. 시설 관련 변인과 보육서비스 질의 관계에서 조직문화의
매개효과는 어떠한가?

3. 연구 모형 및 변인 구성

본 연구를 위해 다음과 같이 변수를 선정하였다.

1) 독립변수

독립변수는 개인의 일반적 배경 변인과 시설의 관련 변인으로 선정하였다. 개인특성변인으로는 선행연구에서 보육서비스의 질과 상관이 있다고 지적된 교사의 학력, 연령, 경력, 현 시설의 재직기간, 결혼 유무, 자아존중감 등으로 구성하였다. 시설 관련 변인은 보육시설의 시설 유형과 규모, 근무조건을 그 변인으로 설정하였다. 우리나라의 보육시설 유형은 국가 및 지방자치단체가 직접 운영 관리하는 국·공립 시설과 법인, 단체 및 개인이 운영 관리하는 민간보육시설, 그리고 사업체에서 설치 운영하는 직장보육시설로 나누고 있다. 본 연구에서는 운영 주체에 따라 시설 유형을 구분하지 않고 보육시설에 대한 정부예산 지원규모에 따라 인건비를 지원받는 정부지원시설과 인건비 지원을 받지 않는 개인시설로 구분하여 살펴보았다. 그리고 교사가 인식하는 보수 및 근무조건의 정도, 교육지원의 정도, 시설장 관리 능력의 정도를 조사하였다.

2) 매개변수

개인 및 시설 관련 변인이 보육서비스의 질에 영향을 미친다는 선행연구를 토대로 하여, 개인 및 시설 관련 변인이 보육서비스 질에 영향을 미칠 때 조직체의 특성, 구성원의 특성에 의해 형성되는 조직문화는 개인 및 시설 관련 변인의 영향력을 매개할 것이라고 가정하고 이를 분석하였다. 따라서 조직문화를 매개변수로 선정하였으며 조직문화 유형은 개발, 합리, 집단, 위계 등 네 가지 조직문화 요인으로 구성하였다.

3) 종속변수

보육의 질적 요소 중 서비스 요인만을 포함하는 보육서비스의 질을 종속변수로 선정하였고, 이들 하위요인을 교육서비스, 보건서비스, 복지서비스로 구분하여 분석하였다.

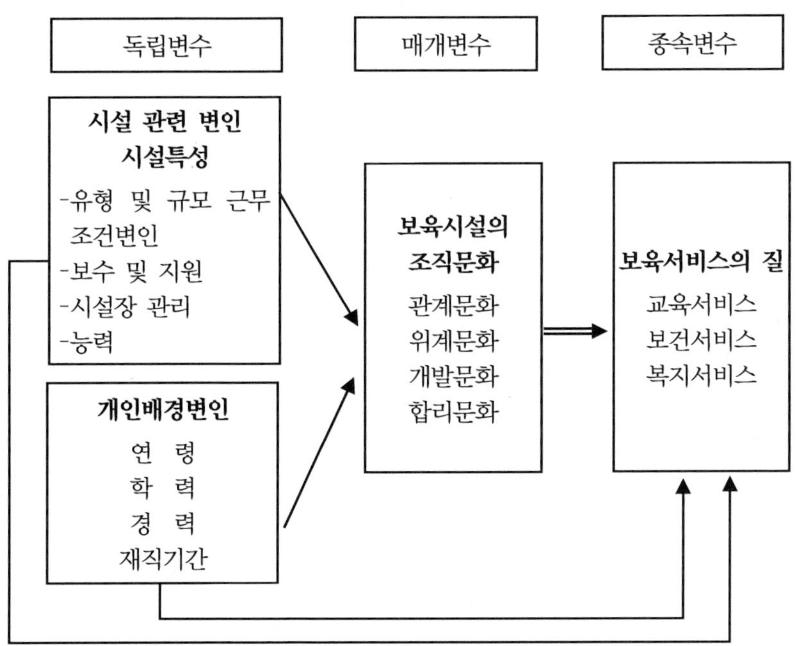

〈그림 1〉 연구문제 검증을 위한 변인 구성

Ⅱ. 이론적 배경

1. 보육서비스의 질

1) 보육의 질과 보육서비스의 질

유아교육사전에 의하면 보육이란 어린 생명을 보호, 육성하는 것의 의미와 유아를 보호, 교육하는 것의 두 가지 의미를 갖고 있다. 정부 지침에 의한 보육사업은 유아가 일상적인 생활 속에서 인간으로서의 기본경험을 쌓고 인간다운 삶의 방식을 갖도록 지지하는 사업으로 정의하고 있다. 보육의 경험이 영·유아의 발달에 미치는 영향력은 단순히 보육의 경험 유무에 관련된 것이 아니라, 어떤 질적 수준의 보육을 경험했는가에 따라 달라진다는 부분에 초점을 맞추게 되면서[2] 보육의 질에 대한 활발한 탐구가 이루어졌으며, 보육의 질(quality)에 대한 정의를 내리기 위한 여러 측면의 노력이 이루어졌다.

연구들은 보육의 질을 그 서비스 대상인 영·유아의 최적 발달을 도모하며 부모의 기대에 부합하는 모든 관련 요소, 가치, 속성이라고 정의하고 질에 대한 구체적인 변인들을 추출하고자 시도하였다. Vandell과 Power(1983)는 교사의 높은 수준, 넓은 공간, 적절한 교사 대 아동 비율이 질과 관련이 있다고 하였다. Howes와 Olenick(1986)은 질이 높은 시설에 비해 질이 낮은 시설은 교사 대 아동 비율이 높

---

2) Vandell과 Corasaniti(1990)는 텍사스 아동을 대상으로 한 연구에서 보육의 경험이 많을수록 사회, 정서, 인지발달이 부정적인 결과를 보인다고 하였지만 Andersson(1989)는 보육경험이 많은 스웨덴의 유아가 사회, 인지 발달이 더 높게 나타났는데, 이러한 연구결과의 불일치를 보육시설의 질적 수준의 차이에서 찾게 된 것이다.

았고, 전문교육을 받은 교사가 적었으며 이직률이 높았다고 하였다. Scarr(1994)는 보육의 질을 결정하는 요인 7가지를 건강과 안전에 대한 요구, 보육교사와 유아 간의 반응적이고 애정적인 상호작용, 발달에 적합한 교육과정, 집단크기의 제한, 연령에 기준한 교사 대 유아의 비율, 적절한 실내·외 공간, 종사자 훈련이라고 언급하였다. 한미라(1995)는 질을 구성하는 요인을 시설의 운영 상황과 관련된 변인과 보육교사의 배경과 관련된 변인으로 구분하고 있다. 전자의 요인으로는 일과계획의 작성 여부, 시설의 주거형태, 집단크기, 보육교사 대 영·유아 비율을 들고 있고, 후자와 관련된 변인으로 보육교사의 연령, 결혼 여부, 학력, 전공, 자격, 경력, 교육프로그램 운영능력을 들었다. NCAC(2001)는 보육의 질은 아동과의 관계, 아동의 인격존중, 가족들과의 협력, 직원들 사이의 상호행동, 계획 및 평가, 학습 및 발육, 보호발육, 건강, 안전, 질을 유지하기 위한 관리 등을 포함하고 있다.

또 다른 연구들은 이러한 보육의 질에 관한 요소를 특성에 따라 분류하여 몇 가지 요소로 개념화하였다. Dunn(1993)은 보육의 질적 요소를 교실에서 아동의 실제 경험에 대한 근접성에 따라 원접변인(distal)과 근접변인(proximal)으로 나누어 설명하였다. 원접변인은 교사 대 아동 비율, 학급의 크기, 교사경력, 보육시설의 환경을 포함하고, 근접변인은 교사와 유아의 상호작용, 교사의 보육목표, 교사 학습전략, 사회정서 발달지도 등이 포함된다. Phillips, Voran, Kisker, Howes 그리고 Whitebook(1994)는 구조적(structural) 변인과 과정적(process) 변인으로 구분하여 설명하였다. 구조적인 질이란 일반적으로 성인 대 유아 비율, 집단크기, 보육교사에 대한 교육과 훈련을 포함하는 규정적인 면이며, 과정적 질이란 발달적으로 적합한 활동의 준비, 영·유아 보육 상황에서 애정적이고 양육적이며 민감한 보육을 의미한다.

그러나 이러한 구분은 보육이 포함하고 있는 광의의 개념을 충분히 설명하지 못하고 있다는 한계가 있다. 따라서 본 연구자는 보육에 관한 여러 요소를 투입(input)과 산출(output)이라는 기능에 따라 구분하였다. 보육에서 투입에 관한 요소는 시설설치기준, 교사의 자격, 교사 대 아동 비율, 급여기준, 문서 및 재정관리 기준과 같은 구조에 해당하는 부분으로 이를 '구조적 요인'이라고 명명하였다. 구조적 요인은 대부분 법적, 제도적으로 기준을 제시하고 있는 것으로 서비스를 산출하기 위한 기본적 기반요인이다. 연구에 의하면 이러한 기준이 엄격할수록 보육의 질이 높았다(Cost, Quality, and Outcomes Study Team, 1995).

이러한 보육시설의 기본적 구조하에 목적과 목표에 따라 산출(output)되는 내용으로서, 교육과정, 영·유아의 일상적인 경험과 관련된 요소, 건강, 영양, 안전, 부모교육 및 상담, 가족지원 등 보육대상에게 직접적으로 전달되는 부분이 있다. 이를 '서비스 요인'이라고 명명하였다. 이는 일반적으로 서비스(service, 用役)란 용어가 물질적 재화를 생산하는 노동과정 밖에서 기능하는 노동을 광범위하게 포괄하는 개념으로 사용되고 있어, 보육시설에서 만들어져 아동과 부모에게 제공되는 가치나 요소는 '서비스(Service)'라는 용어가 적절하다는 판단에서이다.

흔히 연구에서 보육의 질, 보육시설의 질, 보육서비스의 질 등의 용어가 혼용되어 사용되고 있으나, 본 연구에서는 보육의 질, 보육시설의 질은 관련된 모든 요소를 포함하는 광의의 개념으로 보고, 보육서비스의 질은 보육의 '서비스'요인을 포함하는 협의의 개념으로 보았다. 즉 보육서비스란 보육시설에서 만들어지는 무형의 상품으로 보육대상에게 제공되는 과정 및 결과의 요소로서 교육, 일상생활, 경험, 건강, 영양, 상담, 가족지원 등 보육의 내용을 포함하는 것이다. 현재 우리

나라는 영유아보육법 제18조와 동법 시행규칙 제23조 관련 〈별표 9〉
에 근거하면 보육의 내용은 교육, 영양, 건강, 안전, 부모에 대한 서비
스, 지역사회와의 교류 등을 들고 있다.

그렇다면 보육서비스의 범위는 어떻게 구분할 것인가? 지금까지 보
육서비스는 주로 사회복지 분야에서 정의하고 그 범위를 구분하고자 하
였다. 이혜경(1991)은 아동의 기본권 보장 측면에서 건전한 아동 발달
을 위한 보편적 서비스로서의 보육서비스와 여성의 사회참여 증대로 인
해 불가피해진 대리양육서비스이자 여성의 자아실현을 위한 도구로서
의 보육서비스, 특정 계층(빈곤층)에 대한 간접적 지원이라는 측면에서
의 보육서비스로 이루어진다고 하였다. Coelen, Glantz와 Calore(1979)
는 보육서비스를 두 가지로 구분한다. 가장 필수적이고 일상적인 아동
에 대한 종일 보호와 지도감독을 '기본적 서비스(basic service)'로, 그
외 건강진단, 아동발달검사, 가족상담 및 부모를 지원하는 여타의 사회
적 서비스를 포함하는 '보충적 서비스(supplementary service)'로 구분
하고 있다(이혜경, 1991 재인용).

본 연구에서는 보육서비스 범위를 아동의 보육시설에서의 일상생활
의 경험에서부터 양질의 교육제공, 안전하고 건강한 생활과 이를 보장
하고 확보할 수 있는 교육, 가족협력, 지원, 지역사회 협력서비스 등을
보육시설에서 제공해야 하는 서비스로 규정하고 이를 특성에 따라 다
시 교육서비스, 보건서비스, 복지서비스 등 세 개의 하위요인으로 구
분하였다.

□ 교육서비스

교육서비스(education service)란 영·유아의 신체, 사회, 정서, 언어
발달에 기여할 수 있는 교육내용과 방법을 제공하는 것이다. 구체적

으로는 일과계획 및 운영, 평가, 교수학습 방법, 교사-아동 상호작용 등 영·유아의 전인적 발달과 습관 형성을 위해 제공되는 교육내용, 교육재료, 교육과정을 말한다. NAEYC(2001)에 의하면 영·유아와 교사의 상호작용은 유아와 성인에 대한 이해를 발달시키는 기회를 제공하며, 온정적이고 개별 유아를 존중하며 반응적이어야 한다. 또한 교사와 유아 간 상호작용을 통해 사회적 기술과 인지적 발달의 기회를 제공한다. 일과운영 및 평가, 교수학습 방법 등은 유아가 학습과정에 능동적으로 참여하고 연령과 발달에 적절하고 다양한 활동을 제공할 수 있도록 하여야 한다. 지역사회와 세계와 관련된 삶의 맥락에서 자신의 흥미를 추구하도록 격려하고, 영·유아의 언어적, 과학적 개념과 사회적 기술, 문제해결력, 창의적 능력, 대소 근육 발달, 자신감 등을 학습할 수 있도록 도와야 한다.

□ 보건서비스

보건서비스(health service)는 보육시설에서 영·유아들의 안전, 영양, 건강한 생활을 지원하는 내용이다. 영·유아들은 2회의 간식과 점심을 보육시설에서 먹게 되므로 균형 있는 식단과 위생적인 처리를 거친 식사가 제공되고, 올바른 식습관 형성을 위한 식사지도, 위생적인 환경, 안전한 환경 제공 등 가장 기본적인 서비스이다.

또한 양질의 보건서비스는 질병과 사고의 예방을 규정하고 응급상황 시에 대처방안이 마련되어 있으며, 아동에게 안전교육을 실시하여 영·유아 및 성인의 건강과 안전을 보장하여야 하며, 위생적이고 안전한 물리적 환경에 의해 많은 영향을 받게 된다. 건강기록, 의료문제 및 사고의 기록과 보고, 응급상황에서 교사의 역할 인지, 손 씻기, 안전한 환경 관리 등 교사의 철저한 교육과 관리에 따라 양질의 서비스가 제공된다.

□ 복지서비스

　복지서비스(welfare service)는 부모교육, 상담, 지역사회와의 협력을 통해 영·유아에게 일관성 있고 적절한 양육환경을 제공하여 보육의 효과성을 높이기 위한 것이다. 가정환경을 중심으로 형성되는 초기 경험은 영·유아 발달에 강력한 영향을 미치게 되므로 보육시설에서는 가정의 중요성을 인식하고, 가정과의 효율적인 관계 유지를 위해 부모와의 긴밀한 의사소통의 기회를 자주 마련함으로써 효율적인 보육환경을 제공해 주어야 한다. 또한 지역공동체가 가진 다양한 자원을 적절히 이용함으로써 보다 개별적인 지원이 이루어지도록 하는 것이 복지서비스이다.

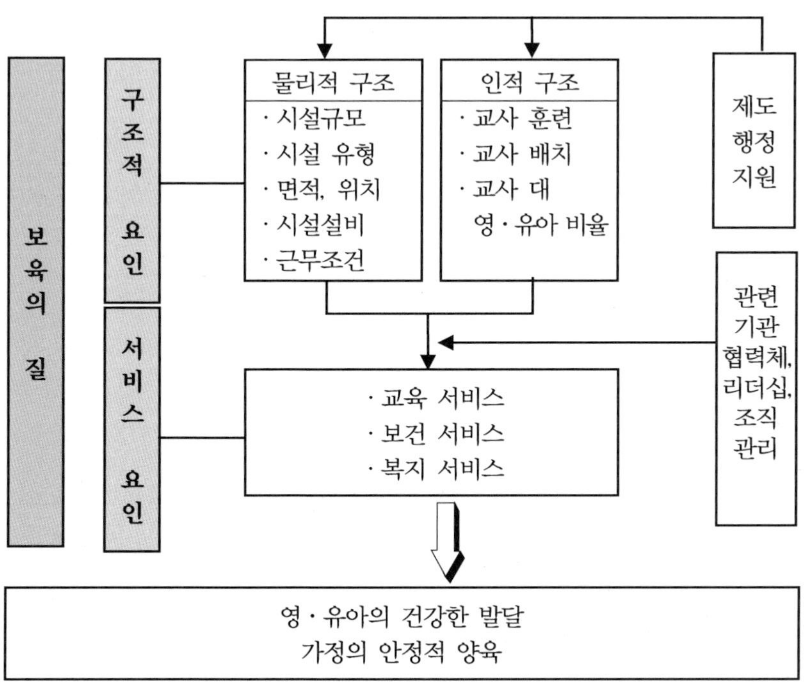

〈그림 2〉 보육의 질과 보육서비스의 관계 모형

2) 보육서비스의 질에 관한 연구 동향

지금까지 이루어진 보육 및 보육서비스 질에 관한 연구를 살펴보면 다음과 같이 세 가지 내용으로 구분할 수 있다. 첫째, 질을 측정하고자 하기 위한 평가도구를 개발하고 이를 이용하여 보육시설의 질적 수준을 측정하고자 한 연구들이다(Harms & Clifford, 1980; Cryer, 1998; Abbot-Shim & Sibley, 1987, 임재택, 1983; 심성경, 1989; 이은혜, 이기숙, 1993; 황혜익, 이경화, 1995; 보건사회연구원, 1995; 양옥승, 1999). Harms와 Clifford(1980)가 개발한 유아교육평정척도(Early Childhood Environment Rating Scale: ECERS)와 이를 Cryer(1998)가 개정한 ECERS-R, 그리고 미국 유아교육협회(NAEYC)의 유아교육프로그램의 평가준거, Abbot-Shim과 Sibley(1987)이 개발한 APECP (Assessment Profile for Early Childhood Program) 등의 평가준거가 개발되었다. 또한 국내에서는 보건사회 연구원(1995)이 보육시설 평가를 위해 개발한 도구와 양옥승(1999)의 유아교육기관 종합평가인정제 도구 등이 있으며 이를 이용하여 유치원과 보육시설의 질적 수준을 측정하려는 연구가 국내외에서 많이 이루어졌다. 최근에는 보육대상에 따라, 보육시설 규모에 따라 적절한 평가도구를 개발하기 위한 연구가 이루어지고 있으며(최경애, 2001; 여성개발원, 2002), 보육서비스의 수혜자 관점에서 그 질적 수준을 모색하려는 연구도 조금씩 이루어지고 있다.

둘째로 보육의 질의 영향력을 밝히고자 하는 연구들로서, 보육서비스의 수혜자인 아동, 가족의 요인을 종속변인으로 한 연구들이다. 보육서비스의 질과 아동에 관한 연구는 아동의 발달, 아동의 행동과의 관련성을 살피는 연구들로서 주로 보육시설의 질적 수준에 따라 아동의 행동과 놀이, 사회, 정서, 언어발달에 긍정적인 관계가 있다고 밝히고 있다(박현정, 1992; 조선영, 1992; 신혜원, 1992; 양연숙, 1995; 안라리, 1995; 한미라, 1995; 문경선, 1997; Howes, 1992; Helburn, 1995; Phillips, Mekos, Scarr, McCartney & Abbott-Shim, 1998). 또한 보육시설의 질적 수준은 교사－부모의 상호작용, 부모의 양육행동에도 영향을 미침으로써(조인숙, 1995; 위수경, 1999) 보육시설의 질과 부모 및 가정 요인이 역동적으로 상호작용함으로써 유아의 발달에 강력한 영향력을 미치고 있음을 시사하고 있다. 조인숙(1995)은 취업모를 대상으로 보육시설의 질이 부모의 양육행동에 미치는 영향을 조사한 결과, 교육과정의 질이 낮은 경우 부모가 자녀에 대해 과보호 행동을 더 많이 나타낸다고 하였다.

셋째, 보육서비스의 질에 영향을 미치는 변인을 찾고자 하는 연구이다(Vandell & Powers, 1983; Howes & Olenick, 1986; Phillips, McCartpty & Scarr, 1987; Choen & Pompa, 1994; Patricia, 2000; 이경선, 2000, 구은미, 2004). 이들은 기존에 개발된 평가도구로 보육의 질을 측정하고 이것과 상관관계가 있는 요인을 밝히고자 한 연구로서 보육의 질적 향상을 위한 구체적인 지표를 추출하고자 한 것이다. Vandell과 Powers(1983)은 보육의 질을 대변하는 요인으로 성인 대 아동의 비율, 장난감의 다양성, 교직원 연수량을 지적하였고, Howes와 Olenick (1986)은 교사 대 유아의 비율, 교사훈련, 교사의 이직률 등을 제시하였으며, Phillips, McCartpty, 그리고 Scarr(1987)은 언어 상호작용의 질, 교사훈련, 교사 대 아동 비율, 교사의 경력, 시설, 설비, 부모참여 등을 추출하였다. 구은미(2004)는 결혼 유무, 근무시간, 기관 유형, 연수 횟수, 건강상태 등이 보육서비스의 질에 영향을 미치며, 교사의 전문성 인식이 가장 높은 영향력을 갖는다고 하였다. 최근 연구에서는 보육의 질과 관련된 변인을 보다 넓은 범위에서 찾고 있다. 즉 보육시설 내에 있는 요인들뿐만 아니라 보육시설과 전달체계를 맺고 있는 여러 분야에서 요인을 추출하고 있다. NCCS연구(Whitebook et al., 1989)는 허술한 인가규정이 낮은 질적 수준의 보육서비스를 만들어 낸다고 하였다. Patricia(2000)는 질에 영향을 주는 요인으로 경제와 보상, 훈련, 관리와 감독, 건강과 안전, 부모-교사의 의사소통, 부모개입, 지원과 자원 등을 들고 있으며, Choen와 Pompa(1994)는 보육시설 내에 존재하는 다양성 및 문화적 다양성이 질을 정의하는 데 반드시 함께 설명되어야 한다고 하였다. Beardsley(2000)는 보육의 구조적 특징(교사 대 아동 비율, 시설설비, 장난감 등)은 보육의 질적 수준에 대한 규제 혹은 인증과 관련이 있으며, 개별적인 유아와의 관계나 가정과의 관계, 반응적인 교수방법 등은 교사의 훈련, 교사의 안정성, 부모개입 및 협력 등과 관련이 있다고 하였다.

특히 국내의 보육의 질과 관련된 변인을 분석하는 연구는 대부분 교사 개인배경 및 심리적 특성과 시설의 구조적 특성 및 근무만족도, 근무조건, 이직률 등 근무환경에 관한 연구들이며, 조직관리나 운영관리의 측면에서 분석한 연구는 없다. 따라서 시설장의 능력 및 조직운영과 관련된 변인의 모색이 필요하다.

3) 교사 및 시설 관련 변인과 보육서비스의 질

□ 교사 관련 변인

보육프로그램의 환경을 구성하고 교육내용을 계획하고 운영하는 자는 바로 교사이다. 이렇게 볼 때 교사와 관련된 변인은 보육서비스의 질을 결정하는 데 중요한 변인이 된다는 것은 너무나 당연한 얘기일 것이다. 보육서비스의 질과 교사 관련 변인과의 관계를 밝힌 여러 연구에서 보육교사의 관련 변인으로 연령, 학력, 경력, 자격(전공) 등 개인배경변인과 직업선택 동기, 직무만족도, 지원체계, 심리적 특성, 직무스트레스 등의 내재적 변인을 들고 있다. Whitebook, Howes와 Phillips(1989)는 교사의 교육이 아동의 발달에 가장 큰 영향을 미친다고 하였다. Pence와 Goelman(1991)은 교사의 자격 유무, 전문교육, 경력, 직업에 대한 동기 등이 보육의 질에 영향을 주는 변인이라고 밝히고 있으며, 구은미(2004)의 연구에서도 교사가 전문성을 어떻게 인식하는가 하는 것이 보육서비스의 질에 가장 큰 영향력을 준다고 하였다. 교사의 전문성은 영·유아와의 긍정적인 상호작용과 관련이 있으며 떨어져 있는 시간이 더 적고 영·유아에 대한 체벌을 덜 하게 하므로(Arnett, 1988) 영·유아의 발달에 적절하고 만족스러운 보육서비스를 제공하게 된다. Fisher와 Eheart의 연구에서도 보육교사로서의 전문적인 교육, 직업에 대한 전문성 인식, 교사에 대한 지원체제 등 보육의 질과 관련이 있다고 하였다(이경선, 2000 재인용).

교사의 학력 및 연령이 보육의 질에 미치는 효과에 대해서는 서로 다른 결과를 나타내고 있다. Berk(1985)를 비롯하여 여러 학자들(Phillips, Scarr & McCartpty, 1985, Friesen, 1995; 홍근민, 1995; 조인숙, 1997)은 교사의 학력이 보육의 질과 유의한 상관이 있음을 밝히고 있다. Howes(1983)는 아동 관련 교육을 더 많이 받은 교사들이 사회적 자극과 반응을 더 많이 한다고 하였다. 학력이 높은 교사가 용기, 교육방침, 언어적 기술이 더 우수하였고, 덜 제한적이며 아동의 자율성과 언어적 표현력을 더 고무한다. 조인숙(1997)은 교사의 연령과 학력이 높을수록 교사-아동 상호작용의 질이 높다고 하였으며, Rosental(1990), Pence와 Goelman(1987), 홍근민(1996)의 연구에서도 학력이 높을수록 발달적으로 적합한 교수방법을 택하고, 교사-아동의 상호작용이 활발한 것으로 나타났다. 그러나 조선영(1991), Thompson(1992), 이경선(2000)의 연구에서는 연령과 학력은 보육의 질과 상관이 없는 것으로 밝히고 있다. 최지현, 박혜원(2000)이 울산광역시 8개의 보육시설을 대상으로 보육서비스 질에 따른 영아의 놀이행동을 관찰한 결과, 교사의 학력과 연령은 영향을 미치지 않았고 오히려 경력, 결혼 여부 등이 또래와의 긍정적 상호작용을 하게 하고 더 많은 자극을 제공한다고 하였다.

연구들은 교사의 경력에 대해서도 서로 다른 결과를 제시하고 있다. Howes(1983), 조인숙(1997)은 경력이 많은 교사는 아동의 행동에 더 반응적이며 보육시설의 더 높은 질적 수준과 정적인 상관이 있다고 하였으나, 조선영(1991), Ruopp, Travers, Glantz와 Coelen(1979)은 교사의 경력이 많으면 오히려 영·유아의 사회적 상호작용과 인지적 자극을 덜 준다고 하였고, 이경선(2000)의 연구에서도 교사의 경력이 많을수록 보육시설의 질이 낮게 나타났다. 한미라(1994), 오미경(1998), 오지은(1998)의 연구에서도 보육교사의 학력, 경력, 전공 유형, 재교육 유무에 따라 보육프로그램의 질과 차이가 없는 반면, 보육교사의 봉사성, 사회적 필요성, 공정성, 전문적 지식, 윤리성, 자율성, 교직수행성, 훈련 등으로 구성된 전문성과는 프로그램의 질과 상관이 있는 것으로 나타나 외형적인 배경보다는 훈련 및 습득된 내용의 수준이 보육서비스의 질과 관련이 있다는 것을 설명하고 있다.

보육교사의 이직률이 높은 것은 보육의 질적 향상 측면에서 매우 중요한 문제이다. 높은 이직률은 아동이 교사와 안정적이고 지속적인 관계형성을 어렵게 하며 아동발달에 부정적인 영향을 미친다(심숙영, 1999). 보육교사의 이직률이 높은 것은 열악한 근무조건에도 그 원인을 찾을 수 있으나, 구성원 간 갈등, 조직문화의 동질성 내지 일치감의 부재, 충성심 및 조직몰입의 부재에서도 그 원인을 찾을 수 있다.

교사의 직무에 만족하지 못하면 이직을 생각하게 되고 당연히 이직률이 높아지게 된다. 이러한 직무만족도는 근무조건이나 급여 개선이라는 외적 요인의 개선도 중요하지만, 조사에 의하면(보건복지부, 보육교사회, 2002), 오히려 관계가 없고 만족스럽지 못한 조건에도 불구하고 성공적인 교수경험이나 교사효능감(Yee, 1990), 교사에 대한 신뢰, 개인적 성장과 발달, 교수권한과 같은 내적 요인(조부경, 구은미, 박근희, 2003)이 더 중요하다. 교사의 직무만족도는 교사 자신이나 조직을 위해 일하는 것에 보람을 느끼고 직무에 충실하게 하므로 직무성과가 높아지고 궁극적으로는 보육서비스의 질을 향상시키는 요인이 된다(구은미, 2004).

이러한 보육교사의 사기 및 직무태도에 영향을 미치는 직무만족이나 조직몰입은 시설장의 자질과 능력 및 지도력에 따라 크게 달라지는 요소들이다. 송창호(2002)에 의하면 직무만족은 시설장의 인적자원 개발능력과 유의한 상관이 있었으며, 그 하위요인 중에서 교사자율성 보장능력과는 상관이 없었고, 직무수행 지원능력과 교사관계 형성능력과는 정적 상관이 있었고, 팀워크개발 및 규칙준수 능력과는 부적 상관이 있는 것으로 나타났다.

이처럼 시설장의 능력은 보육서비스 질을 결정하는 교사의 내재적 변인에 작용하는 매우 중요한 요인이며, 그 조직의 운영방침에 따라 형성되는 조직문화는 개인의 성취감이나 기대감, 교수실천에 대한 기대 및 의지, 전문성 요구와 같은 요소들에 영향을 미치며, 이는 곧 보육서비스의 질을 향상시키는 요인이 될 것이다.

□ 시설 관련 변인

우리나라의 보육시설은 전체 28,761개소 중 국·공립이 5.2%에 불과

하며, 법인보육시설이 5.1%, 법인과 개인으로 구성된 민간보육시설과 가정보육시설이 88.4%를 차지하고 있다(여성부, 2006). 여러 연구(조인숙, 1997; 오미경, 1998; 오지은, 1998; 서문희, 2001; 김인, 2003)에서 시설 유형에 따라 보육의 질적인 수준에 차이가 있다고 밝히고 있다. 민간어린이집 중에서 법인·단체의 경우 정부의 인건비 지원을 받고 있어 개인이 설립한 어린이집과는 운영시스템이나 질적인 수준에서도 차이를 보이고 있다. 재정적 지원은 교사수급, 시설설비 수준과 관련이 되기 때문에 보육서비스의 질에 중요한 영향변인인 양질의 교사 확보를 보장할 수 있게 된다. 따라서 보육서비스의 질과 관련된 연구에서 시설 유형은 여러 요소를 복합적으로 내포하면서 보육의 질과 관련된 변인이 되고 있다.

유희정(1997)은 694개의 보육시설 805명의 교사를 대상으로 조사한 결과, 국·공립시설과 민간보육시설 간에 운영관리 요인만 차이가 있을 뿐 다른 요인에서는 차이가 없다고 하였다. 국·공립시설의 경우 더 체계적이고 효율적인 업무 관리와 시설장 자격, 경험 및 자세, 교사의 전문성 향상을 위한 방안, 기관 안내, 아동에 대한 평가 실시 등에서 유의하게 우수한 것으로 나타났다. 미국의 콜로라도대학교, 캘리포니아대학교, 예일대학교, 노스케롤라이나대학교의 공동연구(1993)에 의하면 영리기관과 비영리기관 간에 질적인 차이가 없었으며, 다만 한 주에서는 영리기관이 비영리기관보다 질이 낮았다(Cost, Quality, and Outcomes Study Team, 1995). 반면, Bushouse(1999)는 미국의 4개 주에서 공공기관, 영리기관, 비영리기관의 유형에 따라 서비스 질 차이를 비교한 결과, 공공부문, 영리부문, 비영리부문 간에 서비스 질 향상 정책의 채택에 차이가 있는 것으로 나타났으며, 영리부문보다 공공부문의 질이 더 높았다. 이상의 연구결과는 서비스의 질은 영리

기관인가 아닌가의 여부에 따라 영향을 받는다기보다는 재정적 지원이 얼마나 이루어지는가에 의해 밀접한 관계가 있다고 볼 수 있다.

시설변인보다 교사변인이 더 큰 영향력을 미칠 것이라는 기대와는 달리 최근 연구에서 보육시설변인이 교사변인보다 더 보육의 질과 상관이 있다고 밝히고 있다. 최지현 등(2000)은 교사 개인변인보다 시설변인이 교사-유아 상호작용에 더 많은 영향을 미친다고 밝히고 있으며, Phillips(1987)는 교사 대 아동 비율이나 경력은 아주 작은 영향력을 가질 뿐이고 집단 크기나 전문적인 교사훈련과 적극적인 교실활동이 아동에게 더 영향력 있는 잠재변인이라고 하였다. 더 작은 집단의 교실에서 교사와 아동의 상호작용이 활발하게 이루어졌으며, 아이들도 더 협동적이고 놀이에 집중하였다(Phillips, 1987: 권혜진·이순영, 2001).

집단의 크기도 보육의 질에 밀접한 영향을 미치는 변인이다. 집단의 크기는 아동에 대한 사회적 기능에 대한 고려도 있지만, 하루 종일 영아와 한시도 떨어질 수 없는 보육의 특성상 보육교사에 대한 실질적인 고려로 인해 집단의 크기가 커지고 있다. 특히 영아반(2세 미만, 2세)이나 만 3세의 경우 교사의 밀착이 더욱 요구되기 때문에 교사의 욕구 측면에서도 2반 혹은 3반이 합반을 하여 운영되고 있다. 하지만 연구에 의하면 집단의 크기는 작을수록 영·유아의 긍정적인 발달에 도움을 준다. 집단의 크기가 작을수록 교사는 아동에 대해 더 많은 이야기를 하고(Howes & Rubenstein, 1985), 집단이 클수록 영아의 기분에 덜 반응적이고 긍정적인 영향력이 더 적다(Stith & Davis; 1984). 그러나 한 학급의 집단크기가 큰 경우가 작은 경우에 비해 낯선 사람들과 사회적인 관계를 잘 형성하고, 친하지 않은 친구들과 더 협조적이라는 연구결과(Clarke Stewart & Gruber, 1984)가 있어서 적절한 집단규모에 대해서도 더 구체적인 연구가 필요하다.

영·유아는 시설의 물리적 환경 안에서 사회적인 관계를 형성하고 사물에 대해 배우고, 자신을 지키고, 표현하고 자신의 가치를 인식하는 많은 경험의 기회를 갖게 된다. 한 교사가 담당해야 하는 유아 수는 지속적이고 민감한 방식으로 상호작용하기 위해서 제한적이어야 한다. 여러 연구에서 교사 대 아동의 비율은 보육의 질을 높이는 효과를 가져오며, 성인모방(Fience 1992), 아동의 언어적 상호작용(Caldwell, 1985; Howes & Rubestein, 1985), 놀이참여(File & Kontos, 1993; Howes & Rubestein, 1985) 등에 영향을 미치는 것으로 보고하고 있다.

시설 전체 규모에 따른 보육서비스의 질에 대한 차이 연구에서도 서로 다른 결과를 보이고 있다. Ostrom(1973), 김경화(2001)의 연구에 의하면 시설규모에 따라 보육서비스의 질에 차이가 있다고 하였으나, 김인(2003)의 연구에서는 전체 원아 수로 시설규모를 측정하여 보육서비스의 질에 대한 영향력을 분석한 결과 영향을 미치지 않는다고 하여 서로 다른 결과를 제시하고 있다. 보육시설의 시설설비, 내외적 환경, 집단 규모, 교사 대 아동 비율 등의 물리적 구조적 요인은 주로 법적 제도적으로 기준을 제시하고 있는데, 이러한 기준이 엄격할수록 보육의 질이 높았다(Cost, Quality, and Outcomes Study Team, 1995). 영아시설을 대상으로 한 최경애(2002)의 연구에서도 학급 수가 많을수록 보육시설의 질이 좋은 것으로 나타났으며, 특히 하위요인 중에서 보육과정의 점수가 높았으며, 가족 및 지역사회의 지원체계가 더 원활하였다.

Jared Cutler(2001)는 지금까지의 연구방식과는 다르게 성인 대 아동비율, 학급규모, 물리적 공간의 크기 등 구조적 질 변인을 교사-아동 상호작용과 같은 역동적 질 변인을 통제한 상태에서 아동의 발달에 대한 영향력을 살펴보았다. 유럽아동 1,246명을 대상으로 하여 조사한 결과 구조적(structural child care quality) 질 변인(성인 대 아동 비율, 학급규모, 물리적 공간의 크기)은 역동적 질 변인(dynamic care quality; 교사-아동 상호작용의 질과 횟수)을 통제하였을 때, 아동의 발달(언어발달, 사회발달, 학교준비도)과 상관이 있었다. 이것은 구조적 질이 단지 역동적 질에 영향을 미치는 것만이 아니라 아동의 발달에도 직접적 영향력을 갖고 있다는 것을 의미한다.

Whitebook, Howes와 Phillips(1989)은 근무환경(급여, 직무만족도, 이직률)이 아동발달에 밀접한 영향을 미친다고 하였다. 하지만 최경애(2002)의 연구에서는 교사 급여에 따라 보육시설의 질은 상관이 없었으며, 다만 교사 급여가 높은 시설 운영관리 영역에서만 질적 수준이 높은 것으로 나타났다. 민간어린이집을 대상으로 한 조사결과(보건복지부 외, 2002)에서 낮은 보수와 복지 수준에도 불구하고 교사들의 직업에 대한 만족도가 높게 나타났는데, 이는 보수, 근무조건과 같은 외적인 조건보다는 교사효능감이나 교사로서 유아의 발달과 성취에 대한 심리적 만족감과 같은(Yee, 1990) 내적인 요인에 영향을 많이 받는다는 것을 알 수 있다. 심리적 만족감은 교사가 조직을 위해 일하는 데 보람을 느낌으로써 직무성과가 높아지고 궁극적으로는 보육서비스의 질을 향상시키는 요인이 된다.

金全利子(2002)도 보육의 질 개선에 있어서 좋은 근무조건은 필요조건이기는 하지만 충분조건이라고는 할 수 없다고 밝히면서, 보육교사의 구체적이고 강한 보육실천 의지가 더욱 중요하다고 강조했다. 이것은 적절한 근무조건의 제공은 필요하지만 이것이 교사의 동기를 부여하지는 못하며, 오히려 조직이 갖고 있는 고유의 조직문화에 따라 강한 헌신과 실천이 야기되므로 궁극적으로 조직문화는 보육서비스의 질을 향상시키는 요인이 된다.

이상의 내용을 정리하면 시설 유형, 시설규모, 교사 대 아동 비율, 근무조건 등 시설 관련 변인은 보육서비스에 대체로 유의한 영향력을 미치며, 시설환경 및 근무조건이 좋은 것보다 교사의 동기를 부여하였을때 질적 수준에 긍정적 영향을 미치게 된다. 이는 강한 실천을 촉매로 하는 조직문화가 보육서비스의 질에 긍정적 영향을 미칠 것이라고 예측할 수 있다.

2. 보육시설의 조직문화

1) 조직문화에 대한 개념

문화란 라틴어 cultura에서 파생된 말로서 구성원의 행동형성에 영향을 미치는 중요한 요소로 사회의 구성원들이 공통적으로 가지고 있는 가치관과 신념, 이념과 관습, 그리고 지식과 기술을 포함하는 말이다(Denison, 1984). 또한 문화는 다른 조직과 구별되는 그 사회의 구성원들이 공유하고 있는 신념체계로서(Mintzberg, 1983) 집단이나 개인의 행동기준을 산출하는 데 있어 조직구성원들이 공유하는 기대와 신념의 양상이다(Schwartz & Davis, 1981). Cunnigham과 Gresso(1993)는 "우리가 우리 주변의 일을 하는 방법에 대한 비공식적인 이해"로서 문화를 설명하였다. 문화는 조직적 가치, 이념, 태도와 신념으로 표현하였고 구성원에게 진실과 의미를 주는 일련의 학습된 행동을 말한다. 이러한 문화로 형성된 기준은 조직 내에서 적당하거나 적당하지 않은 것, 옳고 그른 것, 좋거나 나쁜 것, 또는 허락되는 것과 허락되지 않는 것을 결정하게 된다.

조직체는 그 조직이 존재하는 목표와 그 목표의 달성이라는 의미에서 서로 다른 독특한 특징을 가질 수밖에 없다. 어떠한 조직들이 목적과 목표, 그 조직체를 형성하는 인적·물적 환경의 조건, 그리고 조직구성원들의 성격적 특성, 요구, 비전, 가치와 철학, 신념 등 '문화적 특성'에 따라 서로 다른 조직적 특성을 갖는 것은 당연하다. 이러한 조직이 갖고 있는 문화적 특성을 조직문화라고 할 수 있다.

조직문화는 1980년대 일본기업들의 위협적인 추격에 놀란 미국기업들이 일본기업의 성공원인이 그들의 독특한 기업문화에 있다고 생각했고, 미국 내에서도 우량기업들이 경쟁력의 우위에 있는 것은 그들 특유의 조직문화가 주된 원인이라는 주장들이 제기되면서 주목받았다. 한국에서도 경영학 분야에서는 1990년대부터 서구의 연구경향을 따라 조직효과성 향상을 위한 조직문화 연구가 활발히 진행되고 있으며, 최근 들어 학교, 병원 등 공공서비스 분야에서도 조직문화에 대한 연구가 이루어지고 있다.

조직문화의 개념을 설정하는 방식과 조직문화에 포함되는 구성요소는 학자들마다 조금씩 차이가 있다. Steinhoff와 Owens(1976)는 문헌을 고찰한 후 학교에서의 조직문화를, '1. 조직의 역사, 2. 조직의 신념과 가치, 3. 조직을 설명하는 신화나 이야기, 4. 조직의 문화적 규범, 5. 전통, 관습, 행사, 6. 조직의 중심인물(heroiness)' 등 6개 개념으로 분류하였다. Pettigrew(1979)는 조직문화를 조직이 가지고 있는 상징, 언어, 이념, 신념, 의식, 전통 등 조직체의 총체적 개념으로 설명하고 있다. Schwarts와 Davis(1981)는 조직문화를 구성원들이 공유하고 있는 신념과 기대의 양상이라고 정의하고, 이러한 기대와 신념은 조직 내

개인이나 집단의 행동규범을 제한하고 있다고 하였다. Deal과 kennedy(1982)는 조직문화를 다양한 조직상황 아래서 구성원들의 행동범주를 명시해 주는 비공식적인 지침으로 보았으며, 조직문화는 그 조직체의 환경, 가치관, 중심인물, 그리고 의례와 관례 등으로 구성되어 있다고 하였다. Jones(1983)는 조직문화를 조직의 개성을 창출하고 구성원의 행동을 규정하여 조직정당성의 기반이 되고 조직의 각 구성원들을 사회 전체로 통합시키는 조직의 근본 가정과 신념, 가치관이라고 하였으며, Smircich(1983)는 조직의 개성을 창출하고 구성원의 행동을 규정하는 조직의 근본 가정과 신념, 가치관이라고 하였다.

신철우(1987)는 조직의 구성원들이 공유하고 있는 가정, 가치와 신념, 규범과 관습, 의례와 의식 그리고 상징으로서 조직의 태도와 행동에 중요한 영향을 미치는 요소로 보았고, 이학종(1992)은 한 조직의 구성원들이 공유하고 있는 가치관과 신념, 이념과 관습, 규범과 전통, 지식과 기술 등을 포괄하는 총체적인 개념으로 조직구성원과 조직전체의 행동에 영향을 미치는 기본요소라고 하였다.

〈표 1〉 조직문화의 개념

학 자	정 의
Steinhoff & Owens(1976)	조직의 역사, 신념, 가치, 신화나 이야기, 문화적 규범, 진통, 관습, 행사, 조직의 중심인물
Pettigrew(1979)	조직이 가지고 있는 상징, 언어, 이념, 신념, 의식, 전통 등의 총체적 개념의 원천
Davis(1981)	신념, 기대의 양상
Deal & Kennedy(1982)	조직원이 공유하고 있는 그 조직체의 환경, 가치관, 중심인물, 그리고 의례와 관례 등
Jones(1983)	조직의 정당성의 기반이 되고, 조직구성원을 통합시키는 조직의 근본 가정, 신념, 가치관

학 자	정 의
Johnston(1987)	조직을 결속시키는 사회적 접착제로서, 조직원들이 공유하는 사회적 이상, 신념 등을 포함
Smircich(1983)	조직의 개성을 창출하고 구성원의 행동을 규정하는 조직의 근본 가정과 신념, 가치관
Schein(1985)	조직구성원들에 의해 공유되면서, 무의식적으로 작용하고, 기본적으로 당연시되면서, 자신과 주위환경에 대한 조직의 견해
신철우(1987)	조직의 구성원들이 공유하고 있는 가정, 가치와 신념, 규범과 관습, 의례와 의식 그리고 상징
Willower(1984)	조직을 결속시키는 공유된 철학, 이념, 가치관, 신념, 기대, 태도 및 규범
Robbins(1991)	조직구성원들에 의해 유지되는 공통의 지각·공유된 의미의 체계
이학종(1992)	조직의 구성원들이 공유하고 있는 가치관과 신념, 이념과 관습, 규범과 전통, 지식과 기술 등

이상에서 살펴본 여러 학자의 정의를 종합하면 조직문화를 다음 세 가지의 의미로 정의할 수 있다. 첫째, 공유된 철학, 이념, 가치, 신념, 기대, 태도, 규범 등의 요소로서 조직구성원의 행위를 유발시키고 그 행위의 의미와 방향을 제시해 주는 사회적 힘이다. 둘째, 조직신화, 패러다임, 의미체계, 언어체계, 의례와 인식, 전통 등을 공유함으로써 조직체 상황에서 조직구성원의 가치판단 및 행위의 틀을 제공한다. 셋째, 조직의 독특한 목표와 행동양식, 상징, 그리고 경영관리 방식 등의 복합체이다(김준기, 2000). 즉 조직문화란 조직구성원이 공유하는 모든 것으로 그들의 행동이나 사고에 영향을 미치고 조직의 개성이나 성격을 형성하는 신념, 가치, 철학, 의식, 태도, 규범, 관습 등의 총체라고 할 수 있다. 이러한 조직문화는 조직의 목표와 기능에 작용한다.

2) 조직문화의 기능

조직문화의 기능에 대해 Mowday 등(1982)에 의하면 강한 조직문화는 응집성, 충성심, 헌신성을 진작시켜 구성원들이 조직을 떠나려고 하는 경향을 감소시켜 준다고 하였다. 김창걸(2003)은 학교 조직문화의 중요성을 다음과 같이 기술하였다.

① **조직정체성(organizational identity) 형성**: 학교 조직문화가 학교 구성원들에게 구성원으로서의 정체성을 제공해 줌으로써 구성원들에게 조직과의 일체감을 형성한다. 이것은 조직사회화(organizational identity)를 통하여 이루어진다. 학교의 이념·규범·공유된 가치의식·사고방식 등과 업무방식 등에 있어서 조직과 구성원의 상호작용, 즉 조직사회화에 의하여 학교조직문화가 학습되어 조직구성원들 간에 일체감이 형성되고 이것이 조직정체성으로 나타난다.

② **집단적 헌신성(collective comitment) 고양**: 학교 조직문화는 구성원들에게 조직에서 기대되는 행동의 유형 및 조직이 지향하는 바를 암시하여 구성원들의 행동을 정당화시켜 주므로 문화가 강한 조직에서는 구성원들의 헌신성(몰입)이 더욱 높게 된다. 또한 커뮤니케이션을 촉진시켜 줄 뿐만 아니라 상호이해의 폭을 넓혀 주며 조직에 대한 헌신성을 증대시켜 줄 수 있다.

③ **조직체계의 안정성(stability of system) 고양**: 학교 조직에서 구성원들이 동일문화를 공유함으로써 문화적 동질성이 강화되며, 문화가 갖는 규범과 통제를 따르게 되어 조직체계의 안정성이 높아진다. 특히 공유된 가치와 신념을 통해 구성원들 간의 갈등의 소지를 줄여 주며 협동심을 유발시켜 조직체계의 안정화를 기한다.

④ **조직구성원들의 태도와 행동현성(guide and shape of the attitude and behavior)**: 학교 조직문화는 구성원들에게 학교가 기대하는 것이 무엇이고 어떠한 태도와 행동이 보상을 받으며, 해야 할 태도와 행동해서는 아니 될 태도와 행동에 관한 해답을 제공함으로써 구성원들의 태도와 행동을 원하는 방향으로 지도하고 형성할 수 있다. 학교 조직문화가 일종의 학습도구로서 기능하는 것이다.

조직문화는 조직의 성장에 따라 그 기능이 다르게 작용하기도 한다. 조직의 초기 성장단계에는 조직문화가 처음 형성되면서 독특한 능력과 일체감의 원천이 되면서 조직을 묶어 주는 접착제 역할을 한다. 중간 성장 단계에 이르게 되면 조직 구성원들 간에 조직문화에 대한 좋고 싫음이 생겨나면서 조직문화를 개혁하려는 사람과 고수하려는 사람들 간의 갈등이 생겨나기도 한다. 조직문화의 새로운 변화가 일어나기도 하고 하위 조직문화가 생겨나기도 한다. 조직의 쇠퇴기, 성장 말기가 되면 조직문화의 변화와 개혁이 필요한 시점임에도 강력한 보수 조직문화가 이를 방해하는 제약요인이 되기도 한다.

3) 조직문화 유형

조직문화를 유형화하는 이유는 문화를 구분해서 이들에 대한 가치를 판단하려는 의도보다는 조직의 공통적 특성과 문제를 중심으로 조직문화를 고찰하려는 편의성과 조직유형 간 비교를 위한 유용성 때문이다(강흥구, 2001). 조직문화 유형은 학자마다 다양하게 구분하고 있으나 여기에서는 학교 및 교육기관을 이해하는 데 유용하게 적용될 수 있는 Quinn과 McGrath가 제시한 사회적 거래에 따른 문화 유형, Steinhoff와 Owens가 제시한 문화형질에 따른 문화 유형 등 네 가지로 분류하거나 두 개 혹은 세 개의 유형으로 분류하기도 한다.

두 개의 유형으로 분류한 것을 살펴보면(김동춘, 1997) 내재적 문화와 외재적 문화로 분류하였는데, 내재적 문화로는 가치와 이념, 규범을 포함하였고, 외재적 문화에는 상징과 인물, 의식과 행사, 일화와 이야기, 의사소통을 포함하였다. 서인덕(1986)은 조직문화를 핵심적 문화, 상징적 문화, 실천적 문화 등 세 가지 유형으로 구분하였다. 핵심적 문화는 문화의 내용[3]이고, 상징적 문화는 문화의 전달수단[4]이며, 실천적 문화는 문화의 실행[5]과 관련된 요소이다.

Bridges(1992)는 MBTI에 의해 개인의 성격을 16개로 나누는 것처럼 조직의 성격을 16개의 유형으로 구분하는 개념 틀을 제안하였고 유태용(1999)이 이를 기초로 하여 척도를 개발하였다. 외향-내향, 감각-직관, 사고-감정, 판단-인식 차원의 요인으로 나누어 요인분석을 한 결과 감각-직관 차원과 사고-감정 차원은 단일요인으로 구성되어 있었고, 외향-내향 차원과 판단-인식 차원 두 개의 하위요인을 포함하여 모두 여섯 개의 요인구조를 밝혔다.

□ **외향-내향(Extraversion-Introversion)**: 외향적 조직은 조직 밖에 더 관심을 가지고, 조직 밖의 상황의 새로운 변화를 파악하려고 힘쓰고, 조직 밖의 사람들이 원하는 것이 무엇인지 알아내려고 노력한다. 반면 내향적 조직은 조직 내부에 더욱 관심을 갖고 조직 자체의 능력파악과 조직지도자의 생각이나 가치에 많이 의존한다(유태용, 1999).

---

3) 가정, 가치, 신념, 이념 등.
4) 이야기, 언어, 전설, 행사, 양식.
5) 전략, 구조, 과정, 제도, 일상 업무.

□ **감각－직관(Sensing-Intuition)**: 감각적 조직은 현재 진행되고 있는 상황에 더욱 관심을 가지고 자료의 보관과 이용을 매우 중요하게 생각하고 자료정리체계가 매우 조직화되어 있다. 반면 직관적 조직은 현재의 세부적인 것보다는 장래의 일이나 미래의 가능성에 더 관심을 가진다(유태용, 1999).

□ **사고－감정(Thingking-Feeling)**: 사고적 조직은 인간적 감정이 개입됨이 없이 원칙에 입각하여 논리적으로 문제를 해결하고 예외를 인정하지 않는다. 반면에 감정적 조직은 문제해결에서 사적 감정과 인간적인 면을 포함하며 인간 중심적이다(유태용, 1999).

□ **판단－인식(Judging-Perceiving)**: 판단적 조직은 정해진 시간 내에 확고한 최종결정을 내리는 것을 선호하는 반면, 인식적 조직은 결정에 그다지 가치를 두지 않으며 성급하게 내려진 결정 때문에 앞으로의 논의나 더 많은 정보유입이 저해된다고 느끼면 결정을 내리지 않기도 한다(유태용, 1999).

연구자들은 조직의 다양한 속성을 이해하면서도 속성을 다루기에 적절하다고 판단되어 대부분 4개의 유형으로 분류하고 있다. Steinhoff와 Owens(1988)는 공립학교에서 나타나는 특유한 문화를 네 가지 유형으로 구분하여 설명하고 있는데 그 자세한 내용은 다음과 같다.

□ **가족문화(family culture)**: 이 문화의 학교는 가족, 가정, 팀과 같은 용어로 비유되며 교장은 부모, 친구, 형제, 코치로 묘사될 수 있다. 교사는 학생을 위해 헌신적으로 봉사하는 것은 물론이고 서로에

대해 관심을 갖고 모든 구성원이 한 가족처럼 되어야 한다.

□ **기계문화(machine culture):** 이 문화의 학교는 기름을 잘 바른 기계, 버립, 녹슨 기계 등으로 비유된다. 학교는 기계이기 때문에 교장은 기계가 잘 돌아가도록 하기 위해 투입을 하는 역할이며 이를 위해 시시각각 변화 능력이 요구된다. 학교는 목표 달성을 위해 교사들을 이용하는 하나의 기계이기 때문에 잘 짜여진 조직에서 원동력이 나온다.

□ **카바레 문화(caharet culture):** 이 문화의 학교는 서비스, 브로드웨이 쇼, 연회 등으로 묘사되며 교장은 예식의 지휘자, 줄타기 곡예사, 프로듀서 등으로 간주된다. 이 문화에서는 청중의 반응을 중요시한다. 교장의 명지휘하에 탁월하고 조화로운 교수 학습을 추구한다.

□ **공포문화(horrors culture):** 이 문화의 학교는 전쟁 지역이나 혁명적 특성을 가진 예상할 수 없는 긴장으로 가득 찬 악몽으로 묘사되며 교장은 자신의 지위를 유지하기 위해 무엇이든 희생물로 만들 준비가 되어 있다. 교사들은 학교를 폐쇄된 상자 혹은 형무소라고 표현한다. 이 문화는 직원 간 비난이 보편적이며, 친밀성이 없고 냉랭하고 적대적이며 과대 망상적이다.

Quinn과 Rourbaugh(1974)는 Campbell과 그의 동료들(1974)이 조직효과성을 측정하기 위해 개발한 39가지 목록을 이용하여 2개의 차원과 4개의 군집을 추출하였다. 각 차원을 연속체로 보고 양 끝에 상반된 가치가 배치되어 있어 이 틀을 경쟁가치모형(competing values model)이라고 한다. 이들은 정보처리의 관점에서 두 가지 방향으로 다르게 인식한다고 보았는데, 첫 번째는 외부환경에 대해 얼마나 확실성을 가지고 대처하느냐, 얼마나 목표와 문제에 집중하느냐를 나타내는 축이며, 두 번째는 외부 환경의 변화에 얼마나 적극적인가, 장기적으로 반응하는가 하는 반응형태의 축이다. 우선 외부환경 변화에 대한 예측력과 이해력이 높을수록 조직은 집중화, 통합화되어 과업 중심이 되고, 낮을수록 인간 중심의 성격을 갖게 된다. 집중도가 낮으면 안정성은 떨어지지만 변화와 창의를 추구하는 반면, 높은 경우는 변화보다는 안정성, 현실유지를 더 추구한다. 외부환경에 대해 적극성이 높을수록 목표지향적, 성과지향적이고, 적극성이(장기적인 반응) 낮을수록 경험지향적, 체제유지 지향적인 성향이 있다. 수평축은 내부지향, 통합, 단합을 강조하는 집단과 외부지향, 차별, 경쟁을 강조하는 집단으로 구분된다. 수직축은 융통성, 재량, 역동성을 강조하는 집단과 안정성, 질서, 통제를 강조하는 집단으로 이루어졌다.

Kimberly와 Quinn(1984)는 이 모형을 조직문화에 응용하여 두 개의 축의 작용에 따라 관계문화(group culture)[6], 개발문화(developmental culture), 위계문화(hierarchical culture) 합리문화(rational culture)의 4가지 조직문화 유형으로 분류하였다. 관계문화는 신축성, 재량, 내적 유지, 통합을 강조하는 가치를 지닌 문화이며, 개발문화는 신축성, 재량, 외부관계, 차별을 강조하는 문화이다. 위계문화는 내적 유지, 통합, 안정, 통제를 강조하며, 합리문화는 외부와 관계, 차별, 안정성, 통제를 강조한다.

이 경쟁가치 모형을 조직문화에 적용하면서 학자들에 따라 조직문화 유형의 명칭에 다소 차이가 있다. Smart와 John(1996)은 위계문화 대신

---

6) 집단문화라고 번역되나 본 연구에서는 group culture가 의미하는 관계지향성과 신뢰, 안정지향 등의 의미를 더 잘 나타내기 위해 관계문화라고 명명하였다.

관료문화(Bureaucratic culture)라는 용어를 사용하였고, Quinn과 McGrath(1985)는 집단(group)문화 대신 합의(Consensual)문화라는 용어를 사용하였고, Quinn과 McGrath(1985), Denison과 Spreitzer(1991) 등은 Kimberly와 Quinn(1984)과 같은 용어로 조직문화 유형을 분류하였다. 세부적인 내용은 다음과 같다.

W. K. Hoy and C. G. Miskel, *Educational Administration: Theory, Research and Practice 5rd* (New York: Random House, 1996), p.136.

〈그림 3〉 조직문화의 유형

□ 관계문화(Group Culture)

외부 문제나 목표에 대한 집중도가 낮고 내부지향적인 조직문화 유형이다. 구성원들의 동기를 유발하여 상호간의 신뢰감과 화목, 그리고 우의적 관계와 집단의식을 강조하는 반면, 환경변화에 대한 적응행동에 있어서는 비교적 소극적인 경향을 보인다. 인간관계, 유연성 및 친밀감에 주력하며, 집단의 응집성, 멤버십, 팀워크를 강조하며 이를 통한 성취를 높이고자 한다. 구성원들 간의 신뢰감과 친밀감, 인간적 유대감, 집단의 결속력과 사기, 구성원들 간의 개방성과 공동의식, 문제 발생시 구성원들 간의 상부상조, 인간적 배려, 참여적 의사결정과 같은 특징이 강하게 나타난다(Quinn, 1988).

□ **개발문화(Development Culture)**

구성원 상호간의 협력을 통하여 동기를 유발하고 능력을 최대한 발휘하며, 외부환경에 적극적으로 대응해 나가는 특징이 있다(Quinn, 1988). 유연성과 융통성 있는 업무처리가 강조된다. 리더는 창의력과 과감성을 갖고 새로운 가능성, 외부지원에 특별한 관심을 가지고 있다. 조직원들에게 창의적 사고와 자기개발을 강조하며 뭔가 새로운 것을 생산해내기를 요구한다. 환경변화에 대한 적응행동에 있어서는 외부환경을 인식하고 그것에 적절히 반응하며 비교적 적극적인 경향을 보인다. 조직 내부를 통합시키는 역할을 한다(Denison & Spreitzer, 1991).

□ **위계문화(Hierarchical Culture)**

구성원들에게 공식조직과 절차에 의해 안전하고 확실한 업무처리를 강조하며, 조직의 장기적인 존속을 위한 운영의 지속성을 강조하면서 환경변화에 적극적으로 대처하기보다는 안정과 현상유지에 더 많은 노력을 기울인다. 명확한 공식절차, 규정, 관습화된 업무처리, 서열의식과 같은 특성이 비교적 강하게 나타난다(Quinn, 1988). 내부지향적이며 능률, 통일, 안전, 질서, 규율 등이 강조되며 리더는 보수적이고 행동이 조심스럽다(Denison & Spreitzer, 1991).

□ **합리문화(Rational Culture)**

체계적이고 능률적인 조직관리를 강조하면서 환경변화에 적극적으로 대처해 나가는 특징이 있어서 목표설정과 계획수립, 능률적인 과업달성, 실적 위주의 업무관리와 같은 특성이 비교적 강하게 나타난다(Quinn, 1988). 과업문화(task orientation)라고도 한다. 문제가 발생하면 토론과 합의에 의해 해결하며 의사결정은 전문성을 지닌 전문가에 의해 이루어진다. 리더는 지시적이고 목표지향적이며, 일정한 구조와 생산성 향상을 고무해야 하며, 합리적이며 신속하고, 논리적이며, 효율적이어야 한다(Kimberly & Quinn, 1984).

<h4 align="center">〈표 2〉 조직문화의 유형별 특성</h4>

(Quinn & McGrath(1985)와 Denison & Spreitzer(1991)의 분류를 중심으로)

구 분	관계문화	개발문화	위계문화	합리문화
조직목적	집단의 유지	다양한 목적	규정의 집행	목표의 추구
주 관심	인간관계, 유연성, 내부조직	변화, 외부환경	내부효과성, 통일성, 평가, 일치	생산성, 성과, 목적달성
가치관	집단보존, 친밀감, 신뢰, 참여, 귀속의식	환경적응, 창의성, 성장, 자원획득	내부조직의 논리, 안정성, 규칙실행	잘 규정된 목표의 추구와 달성
의사결정	합의	직관적 통찰력	보수적	지시적
동기 부여	애착, 집단 응집성, 멤버십	성장, 자극, 창의성, 다양성	안전, 질서, 규율, 규칙	경쟁, 결정된 목표의 성공적 달성
리더십	참여적, 사려 깊음, 지원적	이상적, 창의적, 모험 지향적	보수적, 기술적 문제에 관심	지시적, 목표 지향적, 기능적
조직 효과성	구성원의 몰입, 친교	성장, 개발, 자원획득	통제, 안정성	계획, 생산성
평 가	관계의 질	노력의 열성도	공식적 기준	유형적 산출

이상과 같은 조직문화의 경쟁가치모형은 다차원적이고 포괄적이어서 통계적 분석과정을 통해 조직 간 문화 비교, 시대별 조직문화의 변화추이나 조직의 발전단계별 조직문화 비교에 용이하며, 이러한 비

교, 분석을 통해 인력개발이나 정책개발 및 바람직한 조직관리 방안을 제시할 수 있다(김호정, 2001). 미국 내 1,000여 개 조직들을 대상으로 조직문화를 진단한 결과 행정조직은 위계문화가 가장 강한 반면 제조업체들은 합리문화가 가장 강하게 나타났다(Cameron & Quinn, 1999). 학교조직, 대규모 제조업체, 첨단산업조직을 비교한 연구에서는(Zummuto & Krakower, 1991) 학교조직은 위계문화가 강하고 제조업체는 위계문화와 합리문화를 중시하고, 첨단산업조직은 발전문화를 강조하는 것으로 나타났다. 사기업과 공기업을 비교한 우리나라의 연구(민승기, 고종식, 1994)에서는 사기업은 집단문화가 강하고 공기업은 위계문화가 더 강하며 행정조직의 문화를 연구한 김호정(2001)의 연구에서는 위계문화가 강하게 나타났다.

3) 보육시설의 조직문화

교육기관의 조직문화는 조직문화가 교육기관이라는 조직체에 한정되어 나타나는 문화로서, 구성원들이 공유하고 있는 철학, 가치, 이념, 가정, 믿음, 기대, 태도, 규범 등이 학교라는 특정 조직에서 어떻게 구현되고 있는가를 나타낸다. 거시적으로는 정치, 경제, 사회의 영향을 받으며 미시적으로는 교육기관의 장, 교사, 학생, 학부형, 지역주민의 인적 자원과 물리적 환경에 의해 영향을 받는다. 학교에서 교사가 수행해야 할 역할이 무엇이며, 학생은 무엇을 하는가를 일일이 지적하고 설명하지 않아도 당연한 것으로 여겨지는 것처럼 학교에서 당연한 것으로 받아들여지고 그렇게 행동하기를 기대하는 가정(assumption), 규범(norm), 기준(standard), 태도(attitude), 철학(philosophy), 이념(ideology)의 결합체를 말한다. 교육기관은 기업체와 달리 가르치고 배운다는 전제하에 교사와 아동에게 적용되는 규범이 따로 있다. 교사와 아동의 인간관계에서 아동은 상당히 수동적이며 순종함으로써 교사는 권위를 인정받기도 하고 갈등을 느끼기도 한다.

백현기(1981)는 교육 조직의 특징을 ① 변화의 속도가 느린 조직, ② 조직 목표가 뚜렷하지 않은 조직, ③ 전문적 조직, ④ 환경의 영향을 많이 받는 조직이라고 제시하였다.

보육시설은 다른 교육기관 조직과 마찬가지로 교사와 교사의 보살핌과 교육을 받는 아동, 학부모, 지역사회 및 행정기관 등 그 조직과 관련된 인적자원 구성이 유사하다. 교육을 한다는 목적행위에 비추어 보면 학교 조직과 가장 유사하나 교육만이 아니라 영·유아의 건강하고 안전한 보호와 생활이라는 측면이 학교조직과는 다른 기능을 요구하게 된다. 보육시설 조직의 가시적인 특성을 살펴보면 다음과 같다.

첫째, 보육시설의 돌봄이라는 서비스의 내용으로 인해 가족적이고 온정적인 태도를 요구한다. 조사에 의하면 같은 유아교육기관이라 하더라도 유치원은 부모가 자녀의 교육 때문에 선택하지만 보육시설은 아이를 맡아 돌보아 줄 사람이 없어서 선택하는 경우가 많다(서문회 외 2002; 양옥승, 2000). 서문회(2002) 등의 조사에 의하면 유치원 이용자의 92%가 자녀의 교육을 위해 이용하지만, 보육시설은 62%만이 교육을 위해 이용하며 34%는 가족 중 아이를 맡아 줄 사람이 없어서 이용하는 것으로 나타났다. 따라서 체계적인 교육을 요구하기보다는 따뜻하고 안정적인 양육자로서의 역할을 더 많이 요구하게 된다.

즉 보육시설은 교육과 함께 건강하고 안전하게 돌봄이 매우 중요한 기능이므로 다른 학교조직에 비해 부모와 시설 간, 교사와 유아 간의 친밀감, 관심, 지원 등이 더욱 강조된다. 보육시설에서 교사와 유아와의 관계는 가족적인 관계이며 교사는 유아와의 스킨십이 강조된다. 따라서 보육교사 경력이 쌓일수록 유아와의 상호작용에서 엄마와 같은 행동을 할 때가 많고 야단을 쳐도 엄마처럼 하게 된다고 이야기한다(이순자 2001). 한 교사는 가장 큰 보람은 금전적 보상도 아니고 상관의 인정도 아니며 바로 유아에게서 얻는 보상이라고 말한다. 유아의 바람직한 행동을 볼 때 교사는 자신의 교육행위에 보람을 느낀다.

둘째, 보육시설은 다른 조직에 비해 그 규모가 작고, 인적 구성이 단순하다. 여성부(2004) 보육통계에 의하면 보육시설은 20명 미만의 시설이 전체의 38%에 이르며 20명에서 40명 미만의 시설이 전체의 33%로 전체 시설 중에서 40명 미만이 71%에 해당된다. 보육시설에서 큰 규모에 해당하는 90명 이상 시설은 전체의 9%에 불과하다(여성부, 2004). 조사에 의하면 시설 평균 교사 수는 국공립이 6.43명, 법인이 6.07명으로 다른 민간, 가정 시설보다 많다고 밝히고 있다(여성부, 2005). 시설의 규모가 작다는 것은 단순히 아동의 수, 종사자의 수가 적다는 것만을 의미하는 것이 아니라 교육적, 경제적, 행정적 측면에서의 다양한 의미를 지닌다. 시설규모가 작다는 것은 경제적 규모가 작다는 것이며 조직구조가 단순하다는 것을 말한다. 조직구조가 단순하기 때문에 조직의 과학성, 체계성, 합리성이 강조되지 않고 임의대로 이루어지고 이러한 이유로 보육시설은 조직의 일체감이나 응집성이 약한 것으로 보인다. Waters(1960)는 조직의 응집성은 집단목표와 집단활동, 집단규모와 성격, 개인 및 집단의 지위, 집단구성원의 교우관계를 들고 있다. 이순자(2001)는 유아교사는 동료교사 간에 서로 경쟁적이거나 개인적이기보다는 협조적이고 동조적인 문화를 가지고 있다고 하였다. 소규모의 조직의 특성상 구조화와 조직문화 강도가 낮기 때문에 보육시설은 교사들에게 정체감과 일체감, 동료의식, 전문성을 갖게 하는 계기를 제공하지 못하고 있기 때문이다. 보육시설은 교사들에게 공동체 의식과 공통의 행위유형을 갖게 하는 가치와 신념, 규범 등의 내재적 문화와, 내재적 문화가 가시적으로 표출되고 이를 전달해 주는 매체, 혹은 수단인 상징물과 인물, 의식과 행사, 일화 이야기, 의사소통인 외재적 문화를 지각할 기회를 많이 제공하지 않는다(김동춘, 1999).

셋째, 조직 구성원이 주로 젊은 여성으로 구성되어 있어 직업윤리 기반이 약하고 갈등이 잦다. 조사에 의하면 보육교사 중 여교사의 비율이 99.0%이고 남자교사의 비율이 1.0%에 불과하다. 또한 미혼보육교사가 57.5%이며 20~29세가 58.6%이며 30~34세가 20.6%로 35세 미만의 여성 교사가 79.2%를 차지하고 있다(여성부, 2005). 조직문화는 조직에 포함되어 있는 구성원들의 영향을 많이 받는다. 김동춘(1999)에 의하면 교사의 연령에 따라 유아교육기관 조직문화의 평균점수 간에 차이가 있었다. 내재적 문화에서 30대 연령 집단의 평균점수가 가장 높게, 20대가 가장 낮게 나타났다. 또한 같은 또래의 젊은 여성으로 구성되어 있음으로 해서 직업윤리, 규율에 대한 기반이 약하고 동료 간 갈등이 잦다. 연구에 의하면(신건숙, 2000) 유아교육기관은 상사와 의사소통은 잘 이루어지는 것으로 나타났으나, 그럼에도 불구하고 이직의 원인으로 동료 간의 갈등이나 상사와의 갈등을 가장 많이 꼽고 있다.

넷째, 서비스 대상(유아, 부모)이 미성숙한 발달 시기에 있으며 민감한 대상이다. 서비스 주 대상인 유아는 미성숙한 발달 시기의 존재이어서 권리와 함께 항상 성인의 보호와 세밀한 관찰과 배려가 요구되는 대상이다. 부모는 어린 자녀를 보육시설에 하루 종일 맡기고 맞벌이를 하는 경우가 다수이기 때문에 스트레스와 역할갈등이 다른 교육 집단의 서비스 대상보다 많다고 할 수 있다. 따라서 다른 교육조직보다 부모와의 민감한 상호작용이 강조되며 보다 안정적이고 세심한 관심과 배려, 사려 깊음이 요구된다. 그럼에도 불구하고 서비스를 제공하는 교사는 20~30세대에 집중되어 있고 연령이 4, 50대까지 고르게 분포되어 있는 것이 아니라 미혼으로 단절되기 때문에 보육시설 조직에서 요구되는 가치와 기대, 태도를 성취하기에는 적절하지 않은 조직 구성을 하고 있다는 점에서 직무 만족이 낮고, 더 많은 갈등이 야기될 수 있다.

다섯째, 근무조건이 매우 열악하다. 보육교사는 일일 평균 10시간을 근무하고 10시간 이상 근무하는 비율도 32%나 되는 것으로 조사되어 장시간 근무 실태가 심각한 실정이다. 월 급여 수준은 33.1%의 교사가 80~100만 원을 받고 있으며 60~80만 원을 받는 교사도 25.6%나 된다(여성부, 2005). 이처럼 열악한 근무조건은 보육교사의 이직률의 주원인이 되며 이로 인해 보육시설 조직의 응집력이 약할 수밖에 없다. 이처럼 보육시설 조직의 성격은 가족적인 응집력을 많이 요구하고 있지만, 근무조건이나 조직관리의 미흡으로 인해 그러한 일체감이나 응집력을 갖지 못하는 경우가 많은 것으로 보인다.

여섯째, 보육시설의 질을 결정하는 집단인 교사의 업무성격은 매우 독립적이고 개인적이다. 유치원 교사의 일상을 관찰한 결과에 의하면 교사에게 주어진 재량권, 수준별 교육, 그리고 교사의 손을 필요로 하는 교수학습 자료의 제작 등은 유치원 교사에게 마땅히 기대되는 당

위성의 성격을 지니지만 일의 한계가 명확하게 정해진 것도 없고, 일
반적인 방법이나 공식, 기준이 있는 것도 아닌 불확실성을 지니고 있
다(이순자, 2001). 또한 보육시설은 육아에 대한 지원이라는 역할 비
중이 크고 이용대상이 맞벌이 자녀가 주를 이루기 때문에 교사는 늦
게까지 유아들과 함께 지내야 한다. 그러한 시간 외에도 교사의 손과
관심을 가져야 하는 일로 매우 업무량이 많다. 이처럼 보육시설의 업
무 성격은 매우 독립적이고 개인적인 반면 업무량이 많기 때문에 상
호 교류나 소통의 시간이 절대적으로 부족하다. 보육시설은 업무를
위한 회의조차 시간이 부족해서 제한을 받는다. 조인숙(1997)의 연구
에 의하면 회의(meeting)의 횟수와 보육시설의 질이 정적 상관을 갖
는 것으로 나타났으나, 회의시간이 근무시간 이전 혹은 이후나 낮잠
시간에 주로 이루어지므로 충분한 의사소통의 장으로써 이용하기보다
는 관리자(주임교사, 시설장)와 의사전달의 장으로 이용되고 있다고
하여, 체계적인 의사소통 기회로써의 회의조차 일반적으로 행해지지
않고 있음을 알 수 있다.

이상에서 살펴본 바와 같이 보육시설은 다른 교육조직과는 다른 특
징을 지니고 있다. 보육시설은 교육과 보육이라는 서비스를 제공하여
가정과 학교의 특질을 동시에 요구하며 젊은 여성과 유아가 주 구성
원이고 세심함, 배려, 사랑, 봉사, 가족과 같은 분위기 등이 강조된다.
또한 조직구성원은 20대가 주를 이루며 근무조건이 열악하고 의사소
통의 기회가 적다는 특징을 갖고 있다.

보육시설은 조직구성원이 1~2명에서부터 20~30명에 이르기까지
그 규모가 다양하며, 아직까지 조직문화란 말이 생소할 정도로 이 분
야에 대한 연구는 미흡하다. 학교 조직문화는 1970년대 Greenfeild와

Griffiths의 논쟁 이후 조직과 행정에 과한 사회과학적 관점에 대한 비판이 제기되면서(Green field, 1978; Griffiths, 1983) 학교조직 연구가 관심 영역으로 부상되어 지금까지 많은 연구가 이루어지고 있다. 조직문화 구성요소의 비중에 따라 같은 교육기관이라 하더라도 조직문화는 다르게 나타날 수밖에 없다. 보육시설의 조직문화를 이해하기 위해서는 보육시설이 갖고 있는 조직문화의 공통적 요소의 중요성과 특이성을 이해하는 것이 중요하다. 이순자(2001)는 병설유치원을 대상으로 유치원 교사의 교직문화를 조사하였다. 교직생활에 대한 관점, 교육과정 운영상의 애로, 초등학교와의 관계 등 교직여건을 알아본 결과, 교사들의 교직여건, 직무관계, 역할수행, 제약과 갈등, 근무전망의 불투명, 행정·재정적 지원체제의 미비 등 제도적인 개선책에 대한 요구 등 교직문화에 많은 문제점을 발견하였다.

김재환(2003)은 유아교육기관의 조직문화를 핵심적 문화, 상징적 문화, 실천적 문화로 구분하였다. 핵심적 문화는 문화의 핵심으로 단일요소인 '가치'로 구성하였고 상징적 문화는 문화의 전달수단으로서 규범, 관습 및 습관, 행동양식, 창의성, 의례·의식, 감정·태도, 전통·일화, 언어·유머로 8개 요소로 구성하였다. 실천적 문화에는 교육과정·평가운영, 교수능력, 학급경영·연계교육, 리더십·의사결정, 갈등·통제, 인사관리·연수제도, 복지제도, 조직구조 등의 하위요소를 설정하였다. 김재환은 개발한 도구를 이용하여 보육시설과 유치원을 대상으로 조직문화를 진단해 본 결과 전반적으로 양호한 것으로 밝히고 있다. 유치원과 어린이집 간 문화의 강도에는 차이가 없으나 유치원이 보육시설보다 전통 및 일화, 교육과정 및 평가, 복지제도에서 높게 나타났다. 김동춘(1999)은 유아교육기관의 가치와 이념, 규범, 상징물과 인물, 의식과 행사, 일화 이야기, 의사소통을 통해 유아교육기관의 조직문화를 파악한 결과 학급이 많을수록 외재적 문화(매체, 혹은 수단인 상징물)를 높게 인식하는 것으로 나타났다.

최근 보육시설은 질적 향상을 위한 결정적 요인인 교사 개별적 자질향상을 위해 교사양성기관과 정부에서 노력을 아끼지 않고 있다. 교사의 자질향상, 근무조건 개선 등 노력을 하고 있으나 운영의 효과성 측면에서의 접근도 고려되어야 한다. 보육시설의 문화적 특성은 다른 유아나 부모 등 다른 관련자가 아닌 보육시설 조직을 구성하는 중요한 축인 교사와 시설장들의 문화적 특성을 규명하여야 한다. 이를 위해 본 연구에서는 보육시설의 조직문화 유형을 다른 조직과의 비교가 용이한 조직문화의 프로필을 이용하여 명확하게 파악할 수 있는 경쟁가치모형을 적용하여 분석하고자 한다.

4) 교사 및 시설 관련 변인과 보육시설의 조직문화

□ 교사 관련 변인

교사의 연령과 경력은 조직문화를 결정하는 데 의미 있는 변인이다. 김동춘(1999)의 연구에 의하면 유치원 교사의 연령에 따라 유아교육기관 조직문화의 평균점수에 차이가 있었다. 30대 연령의 교사집단의 조직문화 점수가 가장 높았고 20대가 가장 낮게 나타났다. 또한 교사의 학력이 높을수록, 경력이 많을수록 내재적 문화의 점수가 높은 것으로 나타났다(김재범, 1995; 김동춘, 1999; 김재환, 2003). 교사의 직위도 조직문화를 인식하는 데 영향을 미치는데, 직위가 높을수록 조직문화를 높게 인식하였다(김창걸, 1995).

병설유치원 교사 418명을 대상으로 한 연구(신건숙, 2000)에서는 교사의 경력에 따라 가치와 규범(내적문화) 중 일부와 의사소통 및 조직운영 중 교사와 원장, 원감과의 의사소통 원활 정도, 동료교사와의 의사소통 원활 정도에서 경력에 따라 차이가 있다고 하였다.

□ 시설 관련 변인

시설 유형에 따른 조직문화 연구를 살펴보면 공립이 사립보다 학교 조직문화의 평균점수가 높다(김두성, 1993; 오종두, 1994; 최영우, 1996)는 결과가 있는가 하면, 사립이 공립보다 학교 조직문화의 평균점수가 높다(김경이, 1996; 김창걸, 1995; 조남두, 1992, 김재환, 2003)고 반대의 결과를 밝힌 연구도 있다. 김동춘(1999)의 연구에서는 설립 유형에 따른 유아교육기관의 조직문화 평균점수에 의미 있는 차이가 없었다. 다만 내재적 요인은 공립 교사들이 사립 교사들보다 높게 나타났다. 공립유치원 교사들이 사립유치원 교사들보다 공유된 가치, 신념, 규범에 대한 지각이 높다는 것을 말한다.

시설의 규모는 조직문화 유형을 결정하는 데 영향력 있는 변인이다. 학교규모에 따른 풍토와 학교문화를 조사한 연구에서, 학교규모는 학교의 풍토와 학생의 생활에 밀접한 영향을 미친다고 밝히고 있다. Martin Tadlock과 Tom LoGuidice(1994)는 60개의 소규모 시골학교를 대상으로 조사한 결과 소규모 학교가 큰 규모 학교보다 빨리 변화를 수용할 수 있고, 소규모학교 학생들이 학교에서 하는 프로그램 참여에 대한 좋은 기회를 더 많이 갖는다고 하였다. 또한 Gentry와 Kenney(1967)는 221개의 도시 초등학교를 대상으로 학교규모, 학교위치, 학교풍토 등 학교 관련 간에 관계를 조사하였는데, 학교규모와 조직풍토 간에 통계적인 의미는 없지만 학교규모가 커지면 학교풍토는 더 폐쇄적이 된다는 것을 인식할 수 있었다. Cornelius Cain(1992)는 큰 규모의 학교가 소규모 학교보다 더 교사 중심적이고 관습적(traditional)이며, 큰 규모 학교 학생들은 소규모 학교 학생들보다 쓰기가 덜 요구되고 비판적으로 사고하고 그것을 행동으로 더 나타낸다고 하였다. McLain(2000)은 OCI(The Organizaional Culture Invernory)를 이용하여 조직문화를 측정하였는데, 이 도구는 구성적(constructive), 수동적 방어(passive-defensive), 공격적 방어(agressive-defensive) 문화양식 등 3개의 유형으로 구분되어 있는 것으로, 학교규모와 조직문화와의 관계를 조사한 결과 작은 규모 학교가 성취, 자기실현, 관계지향 등의 구성적(const-ructive) 양식에서 큰 규모 학교보다 높았고, 인정, 의지, 회피, 관습 등의 수동적 방어(passive-defensive)와 힘, 경쟁, 완벽주의 등의 공격적 방어(agressive-defensive) 문화양식은 중간 규모, 큰 규모 시설보다 의미 있게 더 낮았다.

유치원을 대상으로 한 김동춘(1999)의 연구에 의하면 유치원의 규모(학급 수)에 따라 조직문화에 의미 있는 차이가 나타났다. 학급 수가 많을수록 조직문화의 점수가 높았고, 학급규모가 클수록 외재적 문화 점수가 높게 나타났다. 반면 Shaw와 Reyes(1992)의 연구에서는 학교문화는 학교규모와 의미 있는 상관이 없는 것으로 나타났으며, 최기만(1990), 김재범(1995), 김경이(1996)의 연구에서는 오히려 소규모 학교가 조직문화의 강도가 높은 것으로 나타났다.

조직이 복잡할수록 조직의 변화가 심하고, 복잡할수록 의사결정의 집권화가 이루어진다(J. Hage, & M. Aiken, 1969). 조직의 구조가 복잡하면 조직구성원의 만족 정도가 낮아져서 조직의 효과성도 떨어진다고 하였다(Lincoln, 1981). 그것은 학교조직이 복잡해질수록 조직 내의 권한 계층 수가 많아지므로 계층 간 그리고 부서 간의 의사소통 왜곡 가능성이 커질 수밖에 없기 때문이다. 또 교사의 의사결정 관여는 어려워지고 업무가 원장이나 학교장에 의해 진행되는가 하면, 경직

된 조직으로 사무적 절차와 규정이 까다롭게 형성되어 있기 때문이다.

3. 보육서비스의 질과 보육시설 조직문화

조직문화는 조직의 안정 및 직무에 대하여 동일시 및 행동의 통일성을 증가시켜 조직의 성과를 향상시킨다(Smircich, 1983). Denison(1984)의 연구를 살펴보면 참여적인 문화를 갖고 있는 기업이 그렇지 못한 기업보다 투자 수익률이 두 배 정도에 이른다고 하였다. 또한 Akin과 Hopelain(1986)은 투명성, 응집성, 개방적 문화를 성과가 높은 기업의 특성으로 제시하고 있다. 이처럼 조직문화는 기업의 성과를 높이는 변인이 되는 것을 알 수 있다. Deal과 Kennedy(1982)는 성공적인 조직은 공통의 문화적 특징을 갖고 있다고 하면서, '1. 철학을 공유하고 있다. 2. 공식적인 규정과 원칙보다는 개인을 더 중요하게 여긴다. 3. 의식과 행사는 구성원들 간에 보편적인 정체성을 세우기 위해 이루어진다. 4. 조직의 비공식적인 규칙이나 예외적인 일은 조직원 모두에게 잘 이해된다. 5. 구성원들이 하는 일은 조직 내 다른 사람들에게 중요하다는 신념을 갖고 있다.'고 하였다.

김연식(1995)은 중학교를 대상으로 학교적응과의 관계를 살펴본 연구에서 학교 조직문화가 교사관계 적응, 학업관계 적응, 학교행정 적응 등에 영향을 미치는 것으로 나타났다. 또한 학교의 조직문화는 교사의 사기, 직업안정성, 소진 등과도 밀접한 관련이 있으며(이재일, 1992), 교사의 인간관계도 밀접한 관련이 있는 것으로 나타났다(최영우, 1996). 이영미(1994)의 초등학교 6학년 학생을 대상으로 한 연구에서는 조직문화의 특성 중 창의성과 자신감 등이 학업성취와 관련이 있는 것으로 나타났다. 또한 학교 조직문화와 조직의 효과성 간에 상호 밀접한 관련이 있는 것으로 나타났다(김두성, 1993). 이처럼 학교의 조직문화에 관한 연구를 살펴보면 학교의 조직문화는 교사의 사기, 소진, 인간관계, 집단의 응집성, 인간관계 등과 관계가 있으며, 아동의 학교생활 적응이나 학업성취와도 상관이 있는 것을 알 수 있다.

대학을 대상으로 한 강준의(2001)의 연구에서 조직문화 유형 중 관계지향 문화 유형이 조직유효성에 긍정적 영향을 미치고 있는 것으로 나타났다. 조직문화 유형 중 혁신지향 문화 유형이면서 조직구성원 가치성향이 개인주의 성향이 강할수록 조직의 성과가 높게 나타나고 있었다. 이것은 대학 조직구성원들이 어떠한 문제가 발생했을 경우 문제를 혼자 해결하거나 또는 일에 초점을 맞추어서 해결하려고 하는 성향보다는 관계지향적으로 문제를 해결하려 하고 있기 때문이라고 하였다. 김동춘(1999)은 유치원을 대상으로 조직문화를 진단하고 조직효과성과의 관계를 규명하였다. 이 연구에서 유아교육기관의 조직효과성을 증진시키기 위해서는 조직문화의 창조, 유지, 관리가 중요하며 특히 조직구성원의 공유된 가치, 신념, 규범으로 구성된 내재적 문화의 관리가 중요함을 시사하였다. 조직문화와 의료사업 서비스 질과의 관계를 밝힌 강흥구(2000)의 연구를 살펴보면 조직문화 유형에 따라 의료사회사업 서비스의 질에 차이가 있었고, 그중 개발문화 유형과 관계문화 유형인 경우 병원의 서비스 질이 높은 것으로 나타났다

조직문화를 관리할 수 있으면 사기 및 성과를 향상시킬 수 있으므로 조직문화의 통제가 필요하며 그것은 가능한 일이다(Kilmann, 1984). 강한 조직문화는 구성원들의 행동을 방향 짓게 하는 강한 지렛대이며, 특히 다음과 같은 두 가지 측면에서 구성원들의 직무수행

을 유도하게 된다(Deal & Keddedy, 1982). 첫째, 강한 문화는 사람들의 평소에 어떻게 행동해야 할 것인가를 명확히 제시해 주는 비공식적 규칙의 체계(system of informal rules)이다. 둘째, 강한 문화는 사람들이 그들의 조직에 강력한 동질성(strong identity)을 갖게 하여 보다 더 유쾌하고 열심히 일할 수 있도록 한다.

어린이집을 대상으로 한 조사결과(보육교사회, 2002)에서 낮은 보수와 복지 수준에도 불구하고 교사들의 직업에 대한 만족도가 높게 나타난 것은 보수, 근무조건과 같은 외적인 조건보다는 교사효능감이나 교사로서 유아가 이루는 발달과 성취에 대한 심리적 만족감과 같은(Yee, 1990) 내적인 요인에 영향을 많이 받는다는 것을 알 수 있다. 이러한 성취감이나 기대감, 교수실천에 대한 기대, 전문성 요구와 같은 요소들은 그 조직의 문화에 따라 다르게 나타나므로, 직무만족은 그 조직의 조직문화와 밀접한 관계가 있을 것이다. 교육기관의 경우 권위의 위계와 중앙집권적 관료주의가 심할수록 직무만족 수준이 낮아지나 책임한계를 분명하게 해주고, 직무를 명료하게 하는 규칙이나 교육정책을 공정하게 시행하는 등의 관료주의는 오히려 직무만족도를 높여 준다(Miskel, Fevurly & Stewart, 1979). 이러한 직무만족도는 교사가 조직을 위해 일하는 데 보람을 느끼므로 직무성과가 높아지고 궁극적으로는 보육서비스의 질을 향상시키는 요인이 된다.

개인의 변화만을 통하여 질적 수준을 향상시키려는 것은 다른 변인을 고려하지 않고 변화의 과정을 너무 단순화시킬 수 있다. 즉 개인의 변화를 통한 방안은 반드시 조직의 특성과 질적 관련 요소를 관련지어서 고려되어야 하며, 조직의 운영을 고려하지 않은 질적 수준의 향상에 대한 논의는 실천상 제약을 받을 수밖에 없다. 학교조직 효과성 증대를 위한 변화의 노력은 조직원들에게 특정 가치와 신념체계,

규범, 사고방식을 부여하는 조직문화에 대한 이해가 우선되어 학교 조직문화와 학교 조직효과성 간의 구조적 관계를 인식할 때 이루어질 수 있다.

이상의 연구를 통해 볼 때 보육시설의 조직문화는 보육서비스의 질적 수준과 매우 높은 상관이 있을 것으로 예측된다. 또한 보육시설의 조직문화를 알아보고 문제점을 분석하는 것은 보육시설에서는 질적 향상에 매우 적극적인 방향을 제시할 수 있을 것으로 기대된다.

Ⅲ. 연구 방법 및 절차

1. 연구대상 및 자료수집

본 연구는 전국에 있는 보육시설에 근무하고 있는 시설장과 교사를 대상으로 임의 표집하였다. 표집시설의 기준은 조직문화의 영향력이 나타날 수 있도록 하기 위해 2003년 이전 개원시설이면서 시설장 1명, 조리원 1명, 교사 3명 이상(종사자가 5명 이상) 종사하는 보육시설로 제한하였다. 또한 규모가 큰 시설의 영향력을 배제하기 위해 한 시설에서의 조사대상을 5명 이하로 제한하였다.

자료수집은 자기기입식 조사방식으로 조직문화와 보육서비스 질적 수준에 대한 인식을 조사하였다. 우선 본 연구를 위한 검사도구의 적절성을 알아보기 위해 교사 및 원장 145명을 대상으로 예비조사를 실시하였다. 예비조사는 어린이집 30곳을 대상으로 본 연구자가 직접 방문하거나 이메일을 통해 질문지를 배부·회수하였다. 예비조사는 2004년 8월 25일부터 9월 5일까지 이루어졌으며, 예비조사 결과를 토대로 수정·보완된 설문지로 본 조사를 실시하였다.

본 조사는 9월 10일부터 10월 9일까지 실시되었다. 임의로 추출된 조사대상에게 우편으로 발송하고 전화를 하여 협조를 부탁하였다. 총 800부의 설문지를 배부하였으며 이 중 561부가 회수되었고(회수율:70.1%), 이 중 사용할 수 없는 18부와 시설장이 응답한 51부를 제외하고 교사가 응답한 492부가 분석에 사용되었다.

조사대상자의 일반적 배경을 살펴보면 〈표 3〉과 같이 나타났다.

〈표 3〉 조사대상자의 일반적 배경

구 분			빈도(%)
교사 개인 배경	연　령	20 이상-25 이하	167(35.4)
		26 이상-30 이하	174(35.4)
		31 이상-35 이하	100(20.3)
		36 이상-40 이하	51(10.4)
		41 이상	14(2.9)
		계	492(100.0)
	학　력	고졸	89(18.1)
		초대졸	232(47.2)
		대졸	161(32.7)
		대학원졸	10(2.0)
		계	492(100.0)
	경　력	3년 이하	225(45.7)
		3-6년	131(26.6)
		7-9년	75(15.2)
		10년 이상	61(12.4)
		계	492(100.0)
	재직기간	3년 이하	357(72.6)
		3-6년	88(17.9)
		7년 이상	47(9.5)
		계	492(100.0)
	결혼 여부	기혼	158(31.7)
		미혼	334(68.3)
		계	492(100.0)
시설 특성	유　형	정부지원	325(66.3)
		개인	167(33.7)
		계	492(100.0)
	규　모	7명 이하	174(35.4)
		8-14명	237(48.2)
		15명 이상	81(16.5)
		계	492(100.0)

〈표 3〉에 의하면 조사대상자는 학력은 초대졸과 대졸이 각각 47.2%와 32.7%로 초대졸 이상이 81.9%를 차지하였다. 교사의 경력은 평균 55개월(SD=11.17)이고, 전체의 71.3%가 6년 이하의 경력을 소유하고 있었고 그중 45%가 3년 이하인 것으로 나타났다. 교사의 평균연령은 28.5세(SD=5.12)로 나타났으며, 전체의 70.8%가 30세 이하 이었으며 교사의 68.3%가 미혼이었다.

조사대상자가 종사하는 보육시설의 유형은 국·공립시설, 법인단체시설, 개인시설로 제한하였으며, 놀이방과 직장보육시설은 조사에서 제외하였다. 보육시설의 유형은 크게 정부나 법인이 설립하고 정부로부터 인건비보조를 받는 '정부지원시설'과 개인이 설립하고 인건비 보조를 받지 않는 '개인시설'로 구분할 수 있다. 즉 국·공립시설과 민간법인단체 어린이집은 '정부지원시설'로, 민간개인시설을 '개인시설'로 구분된다. 이는 시설 유형에 따른 보육시설의 질을 다룬 연구결과 정부지원을 받는 시설과 받지 않는 시설 간에 의미 있는 차이가 있기 때문이다.

본 연구의 조사대상은 전체의 66.3%가 정부지원시설이고 33.7%가 개인시설이다. 시설의 규모는 교직원의 수로 파악하였는데 학급 수가 5학급이면 교직원이 최소 7명이어야 하므로 이를 기준으로 7명 이하를 작은 규모의 시설, 8명에서 14명까지를 중간 규모, 15명 이상을 큰 규모 시설로 분류하였다. 조사대상자 중 작은 규모 시설이 35.4%, 중간 규모 시설이 48.2%, 큰 규모의 시설이 16.5%이었다.

<표 4> 시설 유형별 교사특성

단위: 개월

구 분	정부지원지설 M(SD)	개인시설 M(SD)	계 M(SD)
교사 연령	29.78(6.11)	30.76(8.06)	30.11(6.84)
교사 총 경력	68.86(54.71)	63.11(62.19)	66.15(60.99)
현 시설 재직기간	42.08(38.31)	32.18(35.53)	38.74(37.66)

시설 유형에 따라 교사의 특성을 살펴보면 정부지원시설은 교사의 연령이 평균 29.78(SD=6.11)세이고 개인시설은 30.76세(SD=8.06)로 개인시설이 교사연령이 높았고, 교사의 경력은 정부지원시설이 68.86 개월로 개인시설 63.11개월보다 높았다. 현 시설 재직기간은 개인시설은 32.18개월이고 정부지원시설은 이보다 높은 42.08개월로 나타났다 (t=2.98, p<.005).

2. 연구도구

본 연구에서는 보육시설의 시설특성 및 교사특성을 알기 위한 질문지, 보육시설의 조직문화와 보육서비스를 측정하는 질문지가 사용되었다.

1) 보육시설의 조직문화 측정도구

본 연구에서는 보육시설의 조직문화를 경쟁가치모형을 적용하여 환경에의 적응, 의사소통, 업무처리 양식 등 운영관리 양식에 따른 유형으로 분류하고자 하였다. 이 모형은 다차원적이고 포괄적이어서 통계적 분석과정을 통해 조직문화를 분석할 때 현실을 제대로 파악할 수 있는 타당성 높은 모형이라고 할 수 있다(김호정, 2001). 또한 이 모형은 보육시설 조직문화의 고유한 특성을 파악할 수 있을 뿐만 아니라, 다른 조직의 조직문화와 비교할 수 있고, 또한 보육시설 조직 내에서 특성의 차이에 따른 조직문화 분석을 용이하게 할 수 있다. 또한 조직효과성의 분류방법에서 유래했기 때문에 보육시설의 성과에 해당하는 보육서비스 질과의 관계를 규명하기에 적절하다. 본 연구는 보육시설 운영관리 측면에서 조직의 성과라고 볼 수 있는 보육서비스의 질을 분석하고자 하므로 경쟁가치모형에 의해 분석하는 것이 타당할 것이다. 따라서 Kimberly와 Quinn(1984), Quinn과 McGrath(1985), Denison과 Spreitzer(1991)가 구분한 관계문화(group culture), 개발문화(developmental culture), 위계문화(hierarchical culture), 합리문화(rational culture) 유형을 기초로 하였다. 조직문화를 네 가지 유형으로 구분한 것에 대해 Cameron과 Quinn(1999)은 각 문화 유형의 조직 특성과 높은 일관성을 이루면서 타당성이 높은 것으로 판단하였고, 본 연구에서도 이를 보육시설에 적용하여 보육시설 조직문화를 분석하고 변인과의 관계를 분석할 때 적절할 것으로 예상하였다.

질문지의 세부적인 내용은 김창걸(1995), 박상언·김영조(1995), 강준의(2001) 등의 연구를 참조하여 보육시설에 적합하게 문항을 수정하고 보완하여 완성하였다. 수정·보완 과정을 거쳐 구성한 문항은 보육 관련 교수 2명과 박사과정 대학원생 3명과 B 어린이집 교사 10명으로부터 설문문항에 대한 안면타당도의 확인절차를 거쳐 예비조사에 들어갔다. 각 문항은 '전혀 그렇지 않다', '그렇지 않다', '보통이다',

'그렇다', '매우 그렇다'로 Likert의 5점 척도를 사용하였다. 예비조사를 위해 선정된 질문지 문항은 관계문화에 8문항, 개발문화에 11문항, 위계문화에 8문항, 합리문화에 7문항으로 총 34문항으로 구성하였다.

어린이집 교사 및 원장 145명을 대상으로 예비조사를 실시하였고, 예비조사 결과 측정도구의 신뢰도 검사와 요인분석(factor analysis)을 실시하였다. 요인분석은 주성분요인분석(principal component analysis)의 Varimax 직교회전법을 이용하였다. 신뢰도 분석을 실시한 결과 신뢰도를 떨어뜨리는 문항 C6과 요인분석 결과 요인부하량(factor loading)이 .40 이하인 문항 C6, C8, C18, C24 문항 등 4개의 문항을 제거하여 총 30개 문항으로 구성된 검사도구를 본 조사에 사용하였다.

<표 5> 질문지 문항구성

요인	문 항 내 용	문항 번호
관계 문화	가족과 같은 조직분위기를 가지고 있다	c1
	상호 우호적인 관계로 서로 존중하며 예의를 다한다	c2
	교사들 간의 협조적 관계와 팀워크를 중시한다	c3
	개인들에 대해 배려와 관심을 기울이고 있다	c4
	문제가 발생하면 서로를 감싸주려고 한다	c5
	교사 상호간에 부담 없이 어울릴 수 있는 기회가 있다	c6
	교사들 간 동료의식을 느끼고 있다	c7
	교외활동에 협조적이고 적극 참여한다	c8
개발 문화	새로운 프로그램이나 아이디어가 잘 받아들인다	c9
	앞서가는 위치에서 성장, 발전해 나가는 것을 강조한다	c10
	창의적인 능력을 발휘하도록 교사들에게 권한을 부여한다	c11
	새로운 교수방법이나 생활지도방법에 관심을 갖는다	c12
	행사계획이나 절차, 규칙 등의 변경이 용이하다	c13
	행정적 결정사항이나 방침에 별 이의를 제기하지 않는다	c14

요인	문 항 내 용	문항번호
개발 문화	각자가 맡고 있는 업무에서 능력을 충분히 발휘하고 있다	c15
	자기발전을 위해 전념하도록 지원하다	c16
	교사들의 제안이나 창의적인 의견이 충분히 활용되고 있다	c17
	교육 목표와 정신을 담은 독창적인 원가가 있다	c18
	교육에 관한 정보를 얻기 위해 노력하고 있다	c19
위계 문화	상하간의 위계질서를 강조한다	c20
	교직원의 책임과 역할을 명시한 공식적인 복무규정에 대해 잘 알고 있다	c21
	엄격한 결재과정을 통해 업무수행과정을 통제한다	c22
	기존의 절차 및 관행의 준수를 중시한다	c23
	새로운 방법보다는 규정을 철저히 따르면서 실수하지 않는 것이 강조된다	c24
	기관 내외 활동에서 교사신분에 벗어나지 않도록 매사에 신중하다	c25
	수업시간이나 출근시간을 잘 지키고 있다	c26
	수업들의 교육활동에서 단정하고 적절한 복장을 하고 있다	c27
합리 문화	교육과정은 우리 기관 교육이념을 반영하고 있다	c28
	후배 교사들에게 소개할 만한 교육이념이나 가치가 있다	c29
	교사의 유아교육에 대한 전문지식과 능력이 강조된다	c30
	절차나 관행보다 합리적인 목표달성을 우선시한다	c31
	치밀한 계획하에 행사나 교육이 이루어지고 평가를 강조한다	c32
	의사결정은 비교적 민주적이고 합리적으로 이루어진다	c33
	교사들의 의견을 교육목표 수립에 반영한다	c34

본 도구가 보육시설에서 적용될 경우의 타당도를 확보하기 위해 543부의 본 조사결과로 주성분요인분석(principal component analysis)의 Varimax 직교회전법을 이용하여 요인분석을 실시하였다. 그 결과 〈표 7〉에서 나타난 바와 같이 eigen value 1.0 이상을 기준으로 4개의

요인으로 추출되었고(적합도 지수 $\chi^2 = 5893.975$, df $= 325$, p$<.001$), 각 요인부하량(factor loading)은 모두 .40 이상으로 만족할 만하게 나타났다. 그러나 26번 문항은 합리문화의 내용이었으나 위계문화에, 14, 15번 문항은 개발문화 내용이었으나 합리문화에 더 높은 부하치를 보임으로써 이들 문항을 제외하고 총 27개의 문항을 분석에 사용하였다.

선정된 문항들의 신뢰도를 확인하기 위해 Cronbach's α를 구한 결과 〈표 6〉에서와 같이 관계문화는 .91, 개발문화는 .87, 위계문화는 .79, 합리문화는 .83으로 높은 수준이었다.

〈표 6〉 보육시설 조직문화 측정도구의 신뢰도

요 인	내 용	문항 수	Cronbach's α 계수
관계문화	친화, 애착, 관심, 후원, 참여지향	6	.91
개발문화	성장, 위험 감수, 창의	8	.87
위계문화	규율, 안정, 통제, 관료적, 신중	8	.79
합리문화	효율적, 목표지향적, 계획	5	.83
		27	.932

〈표 7〉 보육시설 조직문화 측정도구 요인분석 결과

문 항	관 계	위 계	개 발	합 리
c1	.815			
c4	.806			
c2	.800			
c5	.799			
c3	.734			
c6	.731			
c20		.702		
c19		.668		
c17		.652		
c21		.634		
c23		.603		
c26		.555		
c22		.531		
c18		.520		
c24		.430		
c10			.615	
c11			.606	
c12			.605	
c9			.601	
c8			.583	
c7			.554	
c16			.506	
c13			.468	
c28				.717
c29				.701
c27				.598
c15				.564
c14				.530
c30				.512
c25				.490
고윳값 (eigenvalues)	4.604	3.997	3.941	3.522
설명된 분산(%)	15.875	13.782	13.589	12.144

2) 보육서비스의 질 측정도구

보육서비스의 질은 양옥승(2002)의 '유아교육기관 종합평가제' 중 일부를 사용하였다. 이 도구는 시설설비, 교육과정, 영양, 안전, 건강, 운영관리, 가족 및 지역사회협력의 5개 요인으로 이루어져 있으며, 총 133개 문항으로 구성되어 있는 것으로 유치원과 보육시설의 질 모두를 평가할 수 있는 도구이다. 이 도구는 유아교육기관의 모든 요소를 측정하는데, 본 연구에서는 보육서비스로 정의한 '교육서비스', '보건서비스', '복지서비스'에 해당되는 교육과정, 영양, 안전, 건강, 가족 및 지역사회협력 등 3개 요인, 70개의 문항으로 구성하여 사용하였다. Likert의 5점 척도로 구성되어 있으며 점수가 높을수록 보육서비스의 질이 높음을 의미한다. 본 조사도구는 신뢰도와 타당도가 모두 검증된 도구이므로 그대로 본 조사에 사용하였다. 한편 본 조사의 분석에서 타당도를 검증하기 위해 본 조사결과로 주성분요인분석(principal component analysis)의 Varimax 직교회전법을 이용하여 요인분석을 실시하였으며, 그 결과는 〈표 8〉에 제시하였다. 〈표 8〉에서와 같이 (적합도 지수 $\chi^2 = 5893.975$, df$=325$, p$<.001$), 요인부하량이 낮거나 처음 설정한 요인과 성격이 다른 요인에 높은 부하치를 보인 8개의 문항을 제외하고 총 62개의 문항만을 결과 분석에 사용하였다. 문항 중 50번(유아의 건강문제 상담과 가족지원을 위해 의료기관과 협력한다), 55번(유아, 가족, 교사를 대상으로 아동학대 예방교육을 실시한다), 56번(적절한 아동학대 예방 방안을 가지고 있다)은 요인분석 결과 복지서비스로 분석되었고 문항의 내용도 이에 해당하므로 복지서비스 요인으로 분석하였다. 따라서 교육서비스는 36문항, 보건서비스는 15문항, 복지서비스는 11문항 등으로 구성하였으며 신뢰도 분석결과 교육

서비스는 .96, 보건서비스는 .91, 복지서비스는 .90으로 높은 신뢰도를
나타냈다(〈표 9〉 참조).

〈표 8〉 보육서비스 질 측정도구의 요인분석 결과

문 항	교육서비스	보건서비스	지원서비스
22	.72		
25	.71		
20	.71		
26	.69		
18	.67		
17	.65		
28	.65		
27	.65		
14	.65		
15	.64		
16	.64		
19	.63		
29	.62		
30	.62		
21	.61		
37	.59		
7	.57		
10	.57		
13	.57		
11	.56		
36	.55		
33	.55		
24	.54		
38	.54		
23	.52		
32	.52		
35	.51		
31	.51		
43	.50		
39	.49		
40	.49		
41	.47		
42	.46		
34	.45		
8	.42		
4	.40		

문 항	교육서비스	보건서비스	지원서비스
47		.78	
46		.78	
45		.65	
51		.64	
48		.62	
61		.61	
49		.58	
60		.57	
53		.54	
59		.53	
52		.48	
57		.47	
54		.46	
44		.45	
58		.36	
79			.83
82			.75
81			.74
80			.71
78			.70
56			.67
55			.64
83			.62
77			.59
83			.58
50			.49
고윳값(eigenvalues)	12.754	7.420	6.502
설명된 총변량(%)	25.509	14.840	13.004

<표 9> 보육서비스 질 측정도구의 신뢰도

영 역	내 용	문항 수	신뢰도(Cronbach's α)
서비스	교육 내용 및 방법 평가, 아동과의 상호작용	36	.96
보건서비스	영양 관리 건강 관리 안전 관리	15	.91
복지서비스	가족서비스 사회적 지원서비스	11	.90
	계	62	.97

3) 교사 및 시설 관련 변인

시설과 교사의 일반적 배경에 관한 내용과 근무조건의 적절성에 대한 질문으로 구성하였다. 교사의 배경변인은 연구문제 1에서는 시설유형, 시설규모, 교사의 연령, 학력, 경력, 재직기간, 결혼 여부, 직위, 자아존중감 등의 변인이 사용되었고 연구문제 2와 3에서는 시설 유형, 규모, 교사의 연령, 학력, 경력, 재직기간, 근무조건 인식 등이 사용되었다.

근무조건은 교사가 보육시설 근무조건 적절 정도에 대해 어떻게 인식하는지를 질문하였으며 해당 내용에 대한 하나의 질문으로, Likert 5점 척도를 사용하였다. 즉 자신이 부적절한 근무조건에서 일하고 있다고 지각하면 0점, 적절한 근무조건에서 일하고 있다고 지각하면 5점을 주게 된다. 근무조건은 3가지 내용을 질문하였다. 즉 교사의 전문성 향상을 위한 지원 정도, 보수 및 근무조건의 적절성, 시설장 관리능력의 인식 정도에 관한 문항이다.

3. 자료분석

보육시설 및 교사 특성변인, 조직문화, 보육서비스 질과의 관계를 분석하고 조직문화의 보육서비스 질에 대한 매개역할을 분석하기 위해 SPSS 10.1을 사용하여 분석하였다. 우선 연구대상자의 일반적 특징을 알아보기 위해 기술적 통계(descriptive analysis) 분석방법으로 빈도, 평균, 백분율을 구하였다. 측정도구의 신뢰도, 타당도를 알아보기 위해 신뢰도 검사와 요인분석을 실시하였다.

연구문제 1을 검증하기 위해 평균과 표준편차 등의 기술통계를 산출하고, 빈도분석을 하였다. 보육서비스 질적 수준의 교사 및 시설 특성에 따른 차이를 알아보기 위해 다변량분산분석(MANOVA)를 실시하였다. 관련 변인의 보육서비스 질에 대한 상대적 영향력을 분석하기 위해 위계적 회귀분석을 실시하였다.

연구문제 2를 검증하기 위해서는 보육시설 조직문화를 유형 군집에 따라 분류하기 위해 군집분석(cluster analysis)을 실시하여 각 시설의 우월한 조직문화 유형을 규명하였다. 조직문화 유형의 특성을 알아보기 위해 교차분석, 일원배치분산분석을 하였으며 유형군집에 따른 보육서비스의 질을 알아보기 위해 일원배치분산분석을 실시하였다.

연구문제 3을 검증하기 위해 상관관계분석, 단순선형회귀분석과 중다회귀분석을 실시하였다. 독립변수와 종속변수와의 관계, 매개변수와 종속변수와의 관계를 알아보기 위해 상관관계 분석과 중다회귀분석을 실시하였으며 매개변수의 매개효과 검증을 위해서는 단순선형회귀분석 결과를 이용하여 sobel test를 실시하였다.

Ⅳ. 결과 및 해석

본 연구는 보육서비스 질에 대한 관련 변인으로서 조직문화를 분석하고, 교사 개인배경 및 시설특성변인과 보육서비스 질과의 관계에서 조직문화의 역할을 알아보고, 아울러 보육시설 조직문화 유형과 보육서비스 질과의 관계를 규명하기 위한 것이다.

연구문제에 따라 연구결과를 다음에 제시하였다.

1. 교사 및 시설 관련 변인과 보육서비스 질의 관계

보육서비스의 질은 점수가 높을수록 보육서비스의 질이 좋은 것으로 최하 1.00에서 최고 5.00에 분포하고 있다. 보육서비스의 질을 분석하기 위해 하위요인인 교육서비스, 보건서비스, 복지서비스 요인에 대한 평균값을 산출하고, 이 세 요인의 합계를 전체 보육서비스의 질로 산정하였다. 그 결과 〈표 10〉에서와 같이 전체 서비스 질의 평균은 3.70(SD=.51)으로 중간값 3.5보다 약간 높았다.

하위요인별로 살펴보면 보건서비스 요인이 평균 4.04(SD=.55)로 가장 높았고, 다음이 교육서비스(M=3.88, SD=.51)이고, 복지서비스가 평균 3.17(SD=.74)로 가장 낮게 나타났다. 이러한 결과로 볼 때 가족 및 지역사회와의 협력과 지원에 관한 복지서비스의 질적 향상이 필요한 것으로 분석된다.

〈표 10〉 보육서비스의 질

구 분	M	SD	최소치	최대치
전체서비스	3.70	.51	1.98	5
교육서비스	3.88	.51	2.17	5
보건서비스	4.04	.55	1.60	5
복지서비스	3.17	.74	1.00	5

1) 교사 개인배경 변인에 따른 보육서비스 질

보육서비스의 질적 수준이 교사 개인배경 변인에 따라 어떻게 다르게 나타나는가를 알아보기 위해 다변량분산분석(MANOVA)을 실시하였다. 보육서비스의 질과 하위요인 간 상관관계를 알아본 결과 〈표 11〉과 같이 각 요인 간에 높은 상관이 나타났으므로 분석방법은 적절하다.

〈표 11〉 보육서비스의 질 하위요인 간 상관관계

구 분	교육서비스	보건서비스	복지서비스	전 체
교육서비스	1			
보건서비스	.777***	1		
복지서비스	.548***	.535***	1	
전 체	.868***	.867***	.849***	1

***p<.001

□ 연령에 따른 보육서비스의 질

교사의 연령에 따라 보육서비스 질에 차이가 있는가를 분석한 결과 Wilks 람다=.93, F(3,488)=33.71(p<.001)로 전반적으로 유의하였다.

〈표 12〉 교사의 연령에 따른 보육서비스의 질

구	분	N	M	SD	F 값	Scheffe
교육서비스	25세 이하	167	3.78	.51	3.56*	a<c
	26-30세	174	3.91	.52		
	31-35세	100	3.98	.46		
	36세 이상	51	3.94	.51		
보건서비스	25세 이하	167	3.93	.57	4.77**	a<c
	26-30세	174	4.04	.57		
	31-35세	100	4.18	.44		
	36세 이상	51	4.11	.51		
복지서비스	25세 이하	167	3.19	.70	.91	
	26-30세	174	3.20	.77		
	31-35세	100	3.06	.74		
	36세 이상	51	3.22	.76		
전　체	25세 이하	167	3.63	.53	1.37	
	26-30세	174	3.72	.53		
	31-35세	100	3.74	.46		
	36세 이상	51	3.76	.50		
Wilks 람다=.93　　F(3,488)=33.71***						

주) a: 25세 이하, b: 26-30세, c: 31-35세, d: 36세 이상
*p<.05, **p<.01, ***p<.001

이를 구체적으로 살펴보면 〈표 12〉에서와 같이 전체 서비스 질에서는 유의한 차이가 나타나지 않았고, 하위요인 중 교육서비스의 질과 보건서비스의 질에서 유의한 차이가 나타났다. 교육서비스는 교사의 연령이 25세 이하인 집단(M=3.78)이 31세 이상(M=3.98)인 집단보다 유의하게 낮은 것으로 나타났다(F=3.56, p<.05). 보건서비스도 31세 이상의 높은 연령이(M=4.18) 25세 이하의 낮은 연령(M=3.93)보다 유의하게 높게 나타났다(F=4.77, p<.01).

□ 학력에 따른 보육서비스의 질

교사의 학력에 따라 보육서비스의 질에 차이가 있는가를 알아본 결과 Wilks 람다=.97, F(3,488)=2.25(p<.01)로 전반적으로 유의하였다. 〈표 13〉에 의하면 전체 보육서비스 질은 교사의 학력에 따라 유의한 차이가 있었으며, 하위요인 중에서는 교육서비스와 보건서비스에서 유의한 차이가 나타났다. 전체 서비스의 질은 대졸 이상은 평균 3.79이고, 초대졸은 평균 3.67, 고졸은 평균 3.61로 나타났으며, 사후검증 (Scheffe) 결과 고졸과 대졸 이상 간에 유의한 차이가 있는 것으로 나타났다.

<표 13> 학력에 따른 보육서비스의 질

구 분		N	M	SD	F 값	Scheffe
교육서비스	고 졸	89	3.81	.51		
	초대졸	232	3.85	.51	4.32*	a<c
	대 졸	171	3.98	.50		
보건서비스	고 졸	89	3.91	.51		
	초대졸	232	4.01	.57	6.04**	a<c
	대 졸	171	4.14	.50		

구 분		N	M	SD	F 값	Scheffe
복지서비스	고 졸	89	3.11	.67		
	초대졸	232	3.14	.77	1.45	
	대 졸	171	3.25	.72		
전 체	고 졸	89	3.61	.46		
	초대졸	232	3.67	.54	4.51*	a⟨c
	대 졸	171	3.79	.50		
Wilks 람다=.97		F(3, 488)=2.25**				

주) a: 고졸, b: 초대졸, c: 대졸, d: 대학원졸
*$p < .05$, **$p < .01$

교육서비스는 대졸 이상은 평균 3.98(SD=.50)로 가장 높았고 초대졸은 평균 3.85(SD=.51), 고졸이 3.81(SD=.51)로 가장 낮게 나타났으며(F=4.32, $p < .05$), 사후검증(Scheffe) 결과 고졸(M=3.81)과 대졸(M=3.85) 간에 유의한 차이가 있는 것으로 나타났다. 보건서비스 요인에서는 대졸 이상이 평균 3.91(SD=.51)로 가장 높게 나타났고, 초대졸은 4.01(SD=.57), 고졸은 평균3.91(SD=.51)로 나타났으며, 사후검증(Scheffe) 결과 대졸 이상이 고졸보다 유의하게 높은 것으로 나타났다(F=6.04, $p < .01$). 복지서비스에서도 학력이 높을수록 평균점수가 높았으나 통계적으로는 유의하지 않았다.

□ 경력에 따른 보육서비스의 질

교사의 경력에 따라 보육서비스의 질에 차이가 있는가를 알아본 결과 Wilks 람다=.95, F(3,488)=2.50($p < .01$)으로 전반적으로 유의한 차이가 있었다.

〈표 14〉에 의하면 보육서비스 질 전체 점수에서는 유의한 차이가 나타나지 않았으며, 하위요인 중에서 교육서비스와 보건서비스의 질에서 유의

한 차이가 나타났다. 교육서비스는 경력 9년 이상은 평균 4.00(SD=.44), 6~9년은 평균 3.99(SD=.50), 3~6년 사이는 평균 3.90(SD=.50), 3년 이하인 경우는 평균 3.81(SD=.52)로 나타나 교사의 경력이 높을수록 교육서비스의 질이 높은 것으로 나타났다(F=8.60, p<.001).

사후검증(Scheffe) 결과 6년 이상의 교사와 3년 이하의 교사 간에 유의한 차이가 있었다. 보건서비스의 질도 교사의 경력이 높을수록 평균점수가 높게 나타났으며, 이는 통계적으로 유의하였다(F=6.21, p<.001). 그러나 사후검증(Scheffe) 결과 동일집단으로 나타났다.

<표 14> 경력에 따른 보육서비스의 질

구 분		N	M	SD	F 값	Scheffe
교육서비스	3년 이하	225	3.81	.52	3.99**	a<c,d
	3-6년	131	3.90	.50		
	6-9년	75	3.99	.50		
	9년 이상	61	4.00	.44		
보건서비스	3년 이하	225	3.98	.57	2.97*	
	3-6년	131	4.02	.57		
	6-9년	75	4.17	.48		
	9년 이상	61	4.13	.45		
복지서비스	3년 이하	225	3.17	.70	.17	
	3-6년	131	3.19	.76		
	6-9년	75	3.18	.79		
	9년 이상	61	3.11	.76		
전 체	3년 이하	225	3.65	.51	1.38	
	3-6년	131	3.70	.53		
	6-9년	75	3.78	.50		
	9년 이상	61	3.75	.48		
Wilks 람다=.95 F(3,488)=2.50**						

주) a: 3년 이하, b: 3-6년, c: 6-9년, d: 9년 이상
*p<.05, **p<.01, ***p<.001

□ 재직기간에 따른 보육서비스의 질

현 시설에서의 재직기간에 따른 보육서비스의 질을 알아본 결과 Wilks의 람다＝.95, $F(3,488)=2.72(p<.01)$의 수준으로 전반적으로 유의하였으나, 매우 제한적으로 유의한 결과가 나타났다. 보육서비스 질 전체에서는 유의한 차이가 없었으며 하위요인 중 교육서비스 요인에서 차이가 있는 것으로 나타났다. 〈표 15〉에 의하면 교육서비스는 현 시설 근무경력이 3년 이하인 경우 M＝3.84(SD＝.51)가 3~6년인 교사는 M＝3.99(SD＝.51), 6~9년인 교사는 평균 3.91(SD＝.40), 9년 이상 교사집단은 평균 4.05(SD＝.46)로 현 시설에서의 재직기간이 많을수록 교육서비스 질이 높은 것으로 나타났다($F=2.62$, $p<.05$). 그러나 사후검증(Scheffe) 결과는 집단 간의 유의한 차이가 나타나지 않고 동질집단으로 분류되었다.

〈표 15〉 재직기간에 따른 보육서비스의 질

구 분		N	M	SD	F 값	Scheffe
교육서비스	3년 이하	357	3.84	.51		
	3-6년	88	3.99	.51	2.62*	
	6-9년	27	3.91	.40		
	9년 이상	20	4.05	.46		
보건서비스	3년 이하	357	4.02	.56		
	3-6년	88	4.12	.55	.99	
	6-9년	27	4.01	.40		
	9년 이상	20	4.12	.36		
복지서비스	3년 이하	357	3.20	.74		
	3-6년	88	3.20	.67	1.99	
	6-9년	27	2.91	.79		
	9년 이상	20	2.94	.90		

구 분		N	M	SD	F 값	Scheffe
전 체	3년 이하	357	3.69	.52	.87	
	3-6년	88	3.77	.50		
	6-9년	27	3.61	.41		
	9년 이상	20	3.70	.53		

Wilks 람다=.951 F(3,488)=2.72**

주) a: 3년 이하, b: 3-6년
*p<.05

2) 시설특성변인에 따른 보육서비스 질

보육서비스의 질적 수준이 시설특성에 따라 어떻게 다르게 나타나는가를 알아보기 위해 다변량분산분석(MANOVA)을 실시하였다.

□ 시설 유형에 따른 보육서비스의 질

보육시설 유형에 따라 보육서비스의 질에 차이가 있는가를 알아본 결과 〈표 16〉에서 같이 Wilks의 람다=.93, F(3,488)=12.23(p<.001)의 수준으로 유의한 차이가 있는 것으로 나타났다.

〈표 16〉 시설 유형에 따른 보육서비스의 질

구 분		N	M	SD	F 값
교육서비스	정부지원시설	329	3.97	.48	32.60***
	개 인 시 설	163	3.70	.51	
보건서비스	정부지원시설	329	4.13	.53	30.85***
	개 인 시 설	163	3.85	.53	

구 분		N	M	SD	F 값
복지서비스	정부지원시설	329	3.23	.76	7.12**
	개 인 시 설	163	3.05	.67	
전　　체	정부지원시설	329	3.78	.51	26.39***
	개 인 시 설	163	3.53	.49	
Wilks 람다=.93　F(3,488)=12.23***					

*p<.05, **p<.01, ***p<.001

〈표 16〉에 의하면 정부지원시설은 평균 3.78(SD=.51)이고, 개인시설은 평균 3.58(SD=.49)로 지원시설이 개인시설보다 보육서비스의 질이 유의하게 높은 것으로 나타났다(F=26.39, p<.001). 하위요인을 살펴보면 교육서비스의 질은 정부지원시설이 평균 3.97(SD=.48), 개인시설은 평균 3.70(SD=51)으로 나타났으며(F=32.60, p<.001), 보건서비스의 질은 정부지원시설이 평균 4.13(SD=.53), 개인시설은 평균 3.85(SD=53)이고(F=30.85, p<.001), 복지서비스의 질은 정부지원시설이 평균 3.23(SD=.76), 개인시설은 평균 3.05(SD=.671)로(F=7.12, p<.01) 모두 인건비가 지원되는 정부지원시설이 인건비 지원이 되지 않는 개인시설에 비해 높은 것으로 나타났으며, 모두 통계적으로 유의한 차이가 있었다.

□ 시설규모에 따른 보육서비스의 질

시설의 규모에 따라 보육서비스의 질에 차이가 있는가를 알아보기 위해 다변량분석을 한 결과 〈표 17〉에서와 같이 Wilks 람다=.92, F(2,489)=6.19(p<.001)로 유의하였다.

〈표 17〉 시설규모에 따른 보육서비스의 질

구 분	시설규모	N	M	SD	F	Scheffe
교육서비스	작은 규모	174	3.82	.54	11.35***	a,b<c
	중간 규모	237	3.85	.49		
	큰 규모	81	4.12	.42		
보건서비스	작은 규모	174	4.00	.57	15.58***	a,b<c
	중간 규모	237	3.96	.54		
	큰 규모	81	4.34	.40		
복지서비스	작은 규모	174	3.08	.74	8.42***	a,b<c
	중간 규모	237	3.13	.72		
	큰 규모	81	3.47	.72		
전 체	작은 규모	174	3.64	.53	15.09***	a,b<c
	중간 규모	237	3.65	.50		
	큰 규모	81	3.98	.43		

Wilks 람다=.92 F(3,488)=6.19***

주) a: 7명 이하, b: 8-14명, c: 15명 이상
*p<.05, **p<.01, ***p<.001

〈표 17〉에 의하면 보육서비스의 질은 교직원 수 15명 이상인 큰 규모가 평균 3.98(SD=.43)로 가장 높게 나타났으며, 이는 7명 이하인 작은 시설(M=3.64, SD=.53)과 8명에서 14명인 중간 시설의 평균(M=3.65, SD=50)보다 유의하게 높은 것이다(F=15.09, p<.001). 하위요인별로 살펴보면 교육서비스의 질은 작은 규모는 평균 3.82(SD=.54), 중간 규모는 평균 3.85(SD=.49), 큰 규모는 평균 4.12(SD=.42)로 나타났으며, 이것은 F=11.35(p<.001)로 유의하였다. 사후검증(Scheffe) 결과 작은 규모와 중간 규모보다 큰 규모의 평균이 유의하게 높은 것으로 나타났다. 보건서비스의 질에서도 큰 규모 시설(M=4.34, SD=.40)이 작은 규모 시설(M=4.00, SD=.54)과 중간

규모 시설(M=3.96, SD=.57)보다 유의하게 높게 나타났다(F=15.58, p<.001). 복지서비스 요인에서도 큰 규모 시설이(M=3.47)의 중간 이하의 시설에 비해 높게 나타났다(F=8.42, p<.001). 즉 교직원 수가 많은 큰 규모의 시설이 교직원 수가 적은 작은 규모의 시설보다 교육서비스, 보건서비스, 복지서비스를 비롯하여 전체적인 보육서비스의 질이 유의하게 높다고 할 수 있다. 이러한 결과는 본 연구의 조사대상을 분석해 본 결과 큰 규모는 모두 정부지원시설이 많이 분포되어 있었기 때문에 시설 유형의 영향력을 배재할 수 없다.

3) 교사 및 시설 관련 변인의 보육서비스 질에 대한 영향력

교사 개인배경 및 시설 관련 변인, 조직문화와 보육서비스 질의 상관관계를 분석하였다. 그 결과 〈표 18〉과 같이 종속변수인 보육서비스의 질과 그 하위변인인 교육서비스의 질, 보건서비스의 질, 복지서비스의 질과 전체적으로 혹은 부분적으로 유의한 상관이 있었다. 교사 개인변인은 보육서비스의 전체 질과는 학력을 제외하고는 유의한 상관이 나타나지 않았으나, 교육서비스의 질은 모든 변인이 유의한 상관이 있었다.

교사의 개인배경 및 시설특성변인, 근무조건, 교사가 인식하는 조직문화변인들의 보육서비스 질에 영향력을 분석하기 위해 위계적중다회귀 분석을 실시하였다. 교사 개인배경변인과 시설특성변인, 근무조건, 조직문화 등 네 가지 변인군의 보육서비스 질에 대한 상대적 영향력을 분석한 것이다.

<표 18> 보육서비스 질과 관련 변인 간의 상관관계 분석

구 분	교육서비스	보건서비스	복지서비스	전 체
교사연령	.124***	.121**	-.026	.072
학 력	.113*	.147**	.076	.126**
경 력	.158**	.120**	-.020	.086
재직기간	.136**	.066	-.113*	.015
결 혼	-.100*	-.092*	.007	-.062
시설 유형	.244***	-.239***	-.097*	-.212***
시설규모	.217***	.234**	-.179	.248***
근무조건	.499***	.531***	.460***	.573***
교육지원	.527***	.538***	.534***	.620***
시설장 능력	.588***	.601***	.510***	.651***
관계문화	.396***	.389***	.221***	.375***
개발문화	.634***	.591***	.439***	.629***
위계문화	.474***	.451***	.381***	.499***
합리문화	.615***	.584***	.486***	.642***

*p<.05, **p<.01, ***p<.001

<표 19>에 의하면 step Ⅰ에서 교사개인배경 변인의 영향력을 분석한 결과 교사의 학력이(β=.12, p<.01) 보육서비스 질에 영향을 미치고 있다. 학력이 높아질수록 보육서비스의 질이 .12씩 높아진다고 할 수 있다. 교사개인변인의 보육서비스 질에 대한 설명력은 2.3%(R^2=.023, p<.05)로 영향력은 미약함을 알 수 있다.

step Ⅱ에서 시설 유형, 시설규모 등의 시설특성변인을 추가하여 보육서비스 질에 대한 영향력을 분석한 결과 보육서비스 질에 대한 설명력 7.7%로 개인배경변인의 영향력을 고려한 후 시설특성변인의 설명력은 6.1% 증가하였다. 개인배경변인 중 학력영향력은 나타나지 않고 시설변인으로 투입되어 시설 유형(β=-.14, p<.01)과 시설규모(β=.17, p<.001)가 보육서비스의 질에 유의하게 영향을 미치는 것으로 나타났다. 시설 유형은 정부지원시설을 기준값 0으로 더미변수(Dummy Variable) 처리하여 개인시설을 독립변수로 하였다. 따라서 개인보육시설이 정부지원시설에 비해 .14만큼 질적 수준이 낮다고 볼 수 있다. 또한 시설규모는 규모가 클수록 보육서비스 질적 수준도 높은 것으로 나타났다(t=3.59, p<.001).

다음으로 근무조건의 적절성을 투입하여 회귀분석을 한 결과 개인배경변인과 시설특성변인의 영향력은 나타나지 않고 보수 및 조건(β=.20, p<.01), 교육지원(β=.25, p<.01), 시설장 관리능력(β=.36, p<.01) 등이 유의한 변인으로 나타났다. 이들의 설명력은 50.9%(R^2=.509, p<.001)로 앞의 두 변인군의 설명력에 비해 43% 증가하였다.

다음으로 보육시설의 조직문화를 추가하여 보육서비스 질에 대한 영향력을 분석하였다. 그 결과 보육서비스 질에 대한 설명력은 62.8%(R^2=.628, p<.001)로 나타났으며, 이는 step Ⅲ에서보다 11.9% 증가한 것이다. 조직문화를 투입하자 개인배경변인에서는 유의한 변인이 없었고 시설규모(β=.06, p<.05), 보수 및 조건(β=.12, p<.01), 교육지원(β=.14, p<.01), 시설장 능력(β=.24, p<.001) 등이 유의한 영향을 미치고 있었다. 조직문화 하위요인 중에서는 관계문화를 제외하고 개발문화(β=.18, p<.001), 위계문화(β=.18, p<.001), 합리문화(β=.13, p<.01)가 유의한 영향을 미치는 것으로 나타났다. 표준화계수(β)에 의하면 위계문화의 영향력이 가장 크다고 하겠다.

<표 19> 보육서비스 질에 대한 관련 변인의 영향력

구 분	step Ⅰ		step Ⅱ		step Ⅲ		step Ⅳ	
	β	t	β	t	β	t	β	t
개인 배경								
연　령	.46	.75	.68	1.13	.06	1.40	.03	1.02
학　력	.12	2.67**	.03	.71	.02	.60	.02	.83
경　력	.08	1.26	.07	1.16	-.02	-.51	-.02	-.65
재직기간	-.07	-1.22	-.10	-1.68	-.02	-.44	.00	.06
결　혼	-.19	-.33	-.01	-.17	.04	.1.01	.04	1.35
시설 관련								
시설 유형			-.14	-2.89**	.04	1.05	.05	1.51
시설규모			.17	3.59***	.02	.81	.06	2.15*
근무조건								
보수·조건					.20	4.71***	.12	3.09**
교육지원					.25	5.27***	.14	3.48**
시설장 능력					.36	8.11***	.24	6.03***
조직문화								
관계문화							.02	.67
개발문화							.18	4.20***
위계문화							.18	5.26***
합리문화							.13	3.18**
R^2	.023		.077		.509		.628	
F	1.93*		5.07***		45.24***		53.62**	
R^2증가량			.054		.432		.119	

*$p<.05$, **$p<.01$, ***$p<.0001$

주1) 보육시설 유형은 더미변수(Dummy Variable)이며, 지원시설이 기준변수임.

주2) 결혼은 더미변수이며 미혼이 기준변수임.

□ 관련 변인의 '교육서비스'의 질에 대한 영향력

보육서비스의 질 하위 영역 중에서 '교육서비스'의 질에 대한 교사 관련 변인들의 영향력은 〈표 20〉과 같다. 〈표 20〉의 step 1에서와 같이 개인배경변인의 교육서비스 질에 대한 영향력을 분석한 결과 교사의 학력이 $\beta=.10(t=2.23, p<.05)$으로 유의한 영향을 미치고 있으며, 교육서비스 질에 대한 설명력은 $3.2\%(R^2=.032, p<.05)$인 것으로 나타났다.

step Ⅱ에서 개인배경변인과 시설특성변인을 함께 투입하여 그 영향력을 분석한 결과 교사학력의 영향력은 나타나지 않고 시설 유형($\beta=-.17, p<.01$)과 시설규모($\beta=.14, p<.01$)가 유의한 영향력을 미치는 것으로 나타났다. step Ⅲ에서 근무조건 변인을 투입하여 회귀분석을 실시한 결과, 개인배경 및 시설특성변인에서는 유의한 변인이 나타나지 않았고 보수 및 조건($\beta=.15, p<.01$), 교육지원($\beta=.16, p<.01$), 시설장의 관리능력($\beta=.37, p<.001$)이 유의하게 영향을 미치는 것으로 나타났다. 이들 변수의 교육서비스 질에 대한 설명력은 $40.3\%(R^2=.403, p<.001)$로 step Ⅱ에서보다 31%가 증가한 것이다. step Ⅳ에서 조직문화 요인을 투입하여 분석한 결과 교사의 재직기간($\beta=.11, p<.01$), 시설규모($\beta=.07, p<.05$)가 유의한 변인으로 나타났으며, 보수 및 조건($\beta=.12, p<.01$), 교육지원 요인($\beta=.15, p<.01$), 시설장 관리능력($\beta=.23, p<.001$) 등이 유의미한 설명력을 나타냈다. 조직문화 요인에서는 관계문화를 제외하고 개발문화($\beta=.25, p<.001$), 위계문화($\beta=.16, p<.001$), 합리문화($\beta=.15, p<.01$)가 유의미한 영향을 미치는 변인으로 나타났다.

표준화계수(β)에 의하면 교육서비스 질에 대해 영향력이 가장 높은 것은 개발문화이고 다음이 시설장의 관리능력, 위계문화, 합리문화 등의 순이고 개인배경변인은 독립적인 설명력을 갖지 못하는 것으로 나타났다.

〈표 20〉 교육서비스 질에 대한 관련 변인의 영향력

구 분	step Ⅰ		step Ⅱ		step Ⅲ		step Ⅳ	
	β	t	β	t	β	t	β	t
개인 배경								
연 령	.05	.89	.07	1.30	.06	1.43	.04	1.02
학 력	.10	2.23*	.01	.24	.00	.00	.00	.17
경 력	.07	1.03	.06	.98	-.02	-.41	-.02	-.50
재직기간	.05	.93	.02	.34	.09	1.92	.11	2.68*
결 혼	-.02	-.45	-.01	-.30	.02	.56	.03	.78
시설 관련								
시설 유형			-.17	-3.41***	-.01	-.39	-.00	-.17
시설규모			.14	3.03**	.02	.55	.07	2.04*
근무조건								
보수·조건					.20	4.66**	.12	3.15**
교육지원					.25	5.43**	.15	3.66***
시설장 능력					.37	8.31***	.23	5.20***
조직문화								
관계문화							.03	1.00
개발문화							.25	5.30***
위계문화							.16	4.37***
합리문화							.15	3.20**
R^2	.032		.087		.403		.559	
F	2.71*		5.74***		29.43***		40.18***	
R^2증가량			.055		.316		.156	

*p<.05, **p<.01, ***p<.0001

주1) 보육시설 유형은 더미변수(Dummy Variable)이며, 지원시설이 기준변수임.

주2) 결혼은 더미변수이며 미혼이 기준변수임.

□ 관련 변인의 '보건서비스'의 질에 대한 상대적 영향력

보육서비스의 질 하위 영역 중에서 '보건서비스'의 질에 대한 교사 관련 변인들의 영향력은 〈표 21〉과 같다. 〈표 21〉의 step 1에서와 같이 개인배경변인을 독립변수로 하여 보육서비스 질에 대한 영향력을 분석한 결과 교사의 학력(β=.14, p<.01)이 유의하게 영향을 미치는 것으로 나타났으며, 설명력은 4.1%(R^2=.041, p<.01)이다. 개인배경변인과 시설변인을 함께 투입하여 회귀분석을 한 결과 〈표 22〉의 step Ⅱ에서와 같이 교사배경변인의 설명력은 나타나지 않고 시설규모(β=.15, p<.01)와 시설 유형(β=-.17, p<.01)이 유의미한 변인으로 나타났다. 근무조건을 투입하여 회귀분석한 결과 연령(β=.10, p<.05), 근무조건(β=.21, p<.001), 교육지원(β=.15, p<.01), 시설장의 관리능력(β=.36, p<.001)이 유의한 영향을 미치는 것으로 나타났다. 이들 변수의 보건서비스 질에 대한 설명력은 43.2%(R2=.432, p<.001)로 step Ⅱ에 비해 32.8% 증가한 것이다. 여기에 조직문화를 추가하여 보건서비스 질에 대한 영향력을 분석한 결과 〈표 23〉의 step Ⅳ에서와 같이 개인배경변인에서는 교사의 연령(β=.09, p<.05)이 유의한 변인으로 나타났고, 시설규모(β=.07, p<.05), 보수 및 조건(β=.12, p<.01), 시설장 관리능력(β=.24, p<.001), 그리고 관계문화(β=.09, p<.05), 개발문화(β=.17, p<.001), 위계문화(β=.15 p<.001), 합리문화(β=.10, p<.01) 등이 영향력 있는 변인으로 나타났다. 이들 변인의 보건서비스 질에 대한 설명력은 step Ⅲ에 비해 11.1%가 증가한 54.3%(R^2=.54.3, p<.001)이었다.

표준화계수(β)에 의하면 보건서비스 질에 대해 가장 영향력이 높은 변인은 교사가 인식한 시설장의 관리능력으로 보건서비스의 질을 가장 잘 예측할 수 있는 변인이라고 할 수 있다.

<표 21> 보건서비스 질에 대한 관련 변인의 영향력

구 분	step Ⅰ		step Ⅱ		step Ⅲ		step Ⅳ	
	β	t	β	t	β	t	β	t
개인 관련								
연 령	.09	1.51	.11	1.94	.10	2.29*	.09	2.15*
학 력	.14	3.21**	.05	1.16	.04	1.06	.04	1.36
경 력	.06	.88	.05	.81	-.03	-.69	-.03	-.76
재직기간	-.02	0.42	-.05	-.99	.01	.23	.02	.55
결 혼	-.02	-.39	-.01	-.24	.03	.68	.03	.97
시설 관련								
시설 유형			-.17	-3.36**	-.00	-.19	.00	.00
시설규모			.15	1.21	.03	.76	.07	2.17
근무조건								
보수·조건					.21	4.36***	.12	2.91**
교육지원					.15	2.90**	.05	1.22
시설장 능력					.36	7.43***	.24	5.34***
조직문화								
관계문화							.08	2.14*
개발문화							.17	3.58**
위계문화							.15	4.01***
합리문화							.10	2.08*
R^2	.041		.104		.432		.543	
F	3.36**		6.78***		32.27***		36.60***	
R^2증가량			.063		.328		.111	

*p<.05, **p<.01, ***p<.0001

주1) 보육시설 유형은 더미변수(Dummy Variable)이며, 지원시설이 기준변수임.

주2) 결혼은 더미변수이며 미혼이 기준변수임.

□ 관련 변인의 '복지서비스'의 질에 대한 상대적 영향력

보육서비스의 질 하위 영역 중에서 '복지서비스'의 질에 대한 개인 및 시설특성변인, 근무조건, 조직문화의 영향력은 〈표 22〉와 같다. 〈표 22〉의 step 1에서와 같이 개인배경변인의 복지서비스 질에 대한 영향력을 분석한 결과 교사의 재직기간(β=-.17, p<.01)이 유의한 변인으로 나타났으며, 설명력은 2.5%(R^2=.025 p<.05)이다. 표준화계수에 의하면 재직기간이 길어질수록 복지서비스의 질은 낮은 것을 알 수 있다. 개인배경변인과 시설특성변인을 함께 투입하여 회귀분석을 한 결과 step Ⅱ에서와 같이 재직기간(β=-.18, p<.01), 시설규모(β=.14, p<.05)가 유의한 변인으로 이들의 설명력은 5.4%(R^2=.054, p<.01)이였다. step Ⅲ에서 근무조건변인을 투입하여 회귀분석한 결과 교사의 재직기간(β=-.11, p<.05), 시설 유형(β=.10, p<.05)과 보수 및 조건(β=.17, p<.01), 교육지원(β=.30, p<.001), 시설장의 관리능력(β=.23, p<.001)이 유의하게 영향을 미치는 것으로 나타났다. 이들 변수의 보건서비스 질에 대한 설명력은 37.2%(R^2=.372, p<.001) step Ⅱ에 비해 31% 증가하였다.

여기에 조직문화를 추가하여 복지서비스 질에 대한 영향력을 분석한 결과 〈표 22〉의 step Ⅳ에서와 같이 재직기간의 설명력은 나타나지 않았고 시설 유형(β=.11, p<.01), 보수 및 조건(β=.12, p<.05), 교육지원(β=.23, p<.001), 시설장 관리능력(β=.17, p<.01) 그리고 조직문화 요인 중에서 위계문화(β=.15, p<.01), 합리문화(β=.11, p<.05) 등이 영향력 있는 변인으로 나타났다. 이들 변인의 복지서비스 질에 대한 설명력은 step Ⅲ에 비해 4.7%가 증가한 41.9%(R^2=.419, p<.001)이다.

표준화계수(β)에 의하면 복지서비스 질에 가장 영향력이 높은 것은 '교육지원'으로 교육지원 수준이 높을수록 복지서비스의 질의 점수가 높았다.

〈표 22〉 복지서비스 질에 대한 관련 변인의 영향력

구 분	step Ⅰ		step Ⅱ		step Ⅲ		step Ⅳ	
	β	t	β	t	β	t	β	t
개인 관련								
연 령	-.01	-.17	.00	.04	-.00	-.01	-.01	-.33
학 력	.07	1.69	.02	.46	.01	.36	.01	.38
경 력	.08	1.28	.07	1.14	-.01	-.18	-.01	-.27
재직기간	-.17	-2.91*	-.18	-2.99**	-.11	-2.30*	-.09	-1.89
결 혼	-.00	-.10	.00	.01	.04	1.00	.05	1.13
시설 관련								
시설 유형			-.06	-1.20	.10	2.34*	.11	2.63**
시설규모			.14	2.98*	.02	.58	.00	.16
근무조건								
보수·조건					.17	3.47**	.12	2.49*
교육지원					.30	5.55***	.23	4.38***
시설장 능력					.23	4.60***	.17	3.40**
조직문화								
관계문화							-.04	-.90
개발문화							.08	1.44
위계문화							.15	3.50**
합리문화							.11	1.99*
R^2	.025		.054		.372		.419	
F	2.02		3.35**		25.11***		22.22***	
R^2증가량			.029		.318		.047	

*p<.05, **p<.01, ***p<.0001
주1) 보육시설 유형은 더미변수(Dummy Variable)이며, 지원시설이 기준변수임.
주2) 결혼은 더미변수이며 미혼이 기준변수임.

종합해 보면 보육서비스 질에 설명력이 가장 높은 변인은 시설장 관리능력인 것으로 나타났다. 개인배경변인은 독립적인 설명력이 매우 약하고 시설특성변인에서는 시설 유형과 시설규모가 모두 유의한 변인으로 나타났으나, 시설 유형에 비해 시설규모가 더 높은 설명력을 갖고 있음을 알 수 있다. 또한 교육서비스와 보건서비스의 질에는 조직문화의 영향력이 높게 나타나며, 반면 복지서비스의 질에는 조직문화의 영향력이 약하게 나타나고 있음을 확인할 수 있다.

이 결과에서 나타난 바와 같이 교사배경변인이 보육서비스 질에 대해 직접적인 영향을 미치기보다는 조직 안에서 그 조직의 방침, 전략, 구성원 간의 관계 등의 맥락 안에서 그 효과를 나타낼 것으로 보인다. 따라서 이러한 역할을 하는 맥락을 조직문화로 보고 이에 대한 효과를 다음의 분석에서 확인해 보았다.

2. 보육시설 조직문화 유형과 보육서비스 질의 관계

앞의 연구에서 조직문화와 보육서비스의 질과 정적인 상관관계에 있는 것과 각 요인들의 영향력과 효과는 밝혀졌다. 하지만 한 조직에서 조직문화가 한 가지 요인으로만 나타나지 않았다. 모두 나타나지만 그 요인의 결합은 어떻게 나타나는지는 다를 수 있기 때문에 조직문화와 보육서비스 질과의 관계를 보다 구체적으로 분석하기 위해서는 조직문화의 결합형태(군집, profile)를 알아보고 이에 따른 보육서비스 질을 분석할 필요가 있다.

우선 조사대상 보육시설은 네 가지 조직문화가 어떻게 결합된 형태(조직문화 profile)로 나타나는가를 알아보기 위해 군집분석(cluster analysis)을 실시하였다. 분석방법은 비계층적 군집분석을 사용하였으며 이 중 보편적으로 사용되는 K-평균 군집분석을 사용하였다. 먼저 조직문화의 4가지 요인을 표준점수(Z-score)로 변환하고 네 가지 조직문화를 4개의 군집(profile)으로 군집화하였다. 이렇게 나누어진 것을 조직문화 유형으로 보고 일원배치분석을 이용하여 각 유형의 특성과 보육서비스 질과의 관계를 분석하였다.

1) 보육시설 조직문화의 유형

□ 보육시설의 조직문화 유형

보육시설의 조직문화 유형을 Kimberly와 Quinn(1984), Quinn과 McGrath(1985), Denison과 Spreitzer(1991)가 구분한 4개의 유형으로 구분하여 질문지를 구성하고 전국의 보육교사 및 시설장 492명을 대상으로 조사하였다. 이들에 의해 인식된 조직문화의 유형은 〈표 23〉에서와 같이 평균 3.78로 보육시설의 조직문화는 대체로 보통 이상의 강한 문화라고 할 수 있다. 그중에서도 인화와 동료애, 안정을 강조하는 관계문화가 평균 3.98로 가장 높았고 다음으로 개발문화(M=3.75), 합리문화(M=3.67)의 순으로 나타났으며 안정과 통제, 규율을 중시하는 위계문화가(M=3.52) 가장 낮게 나타났다.

<표 23> 보육시설의 조직문화

구 분	N	평 균	표준편차	최소치	최대치
집단문화	492	3.98	.67	1.00	5.00
개발문화	492	3.73	.56	1.50	5.00
위계문화	492	3.52	.58	1.50	5.00
합리문화	492	3.64	.57	2.00	5.00
계	492	3.78	.47	2.06	5.00

보육시설 조직문화 유형이 어떠한 군집을 나타내는지를 알아보기 위해 군집분석을 실시한 결과 〈표 24〉와 같이 나타났다. 〈표 24〉에서 수치들은 표준점수를 환산한 값이므로 '0'이 평균이고 '-' 값은 평균보다 약하고 '+'는 평균보다 강하다고 해석할 수 있다. 산출결과를 살펴보면 군집 1은 관계문화, 개발문화는 약하고 통제와 안정을 중시하는 위계문화, 합리 문화 등은 평균 이상으로 나타난 형태로서 이를 '안정지향 문화(G1)'라고 명명하였으며 모두 113개 시설이 이에 분류되었다. 군집 2는 네 개의 요인 모두가 양(+)의 값으로 강하게 나타난 군집으로 '강한 균형문화(G2)'라고 할 수 있으며 모두 121개의 시설이 이에 속하였다. 군집 3은 네 개의 요인 모두가 음(-)의 값으로 약하게 나타난 군집으로 '약한 균형문화(G3)'로 분류되었으며 모두 104개의 시설이 이에 해당된다. 군집 4는 외부지향적이고, 융통성과 신뢰, 친목 등을 강조하는 관계문화와 외부지향적이고 융통성, 발전, 변화 등을 강조하는 개발문화는 조금 강하게 나타나고 위계문화와 합리문화는 약하게 나타나는 집단으로 분류되었으므로, 이를 '변화지향 문화(G4)'로 명명하였으며 모두 154개의 시설이 여기에 속하였다.

기업이나 공공기관을 대상으로 한 김호정(2002)의 연구에서는 위계 중심 약한 문화와 외부지향 문화가 나타난 데 반해, 보육시설을 대상으로 한 본 연구에서는 강한 균형문화, 약한 균형문화 외에 변화를 지향하는 문화와 안정을 지향하는 문화 유형으로 나타났다.

〈표 24〉 군집분석에 의한 조직문화의 유형

구 분	군집1 안정지향문화	군집2 강한 균형문화	군집3 약한 균형문화	군집4 변화지향문화	F 값
관계문화	-.488	.939	-1.080	.420	246.8***
개발문화	-.158	1.077	-1.236	.054	293.3***
위계문화	.167	.969	-.897	-.181	191.9***
합리문화	.246	.994	-1.213	-.266	227.1***

주) 조직문화의 각 점수는 표준화 점수임.
***p<.001

〈표 25〉 조직문화 유형 군집의 빈도

유 형	시설 수	백분율(%)
안정 지향문화(G1)	113	23.0
강한 균형문화(G2)	121	24.6
약한 균형문화(G3)	104	21.1
변화 지향문화(G4)	154	31.3
계	492	100.0

☐ 교사 및 시설 관련 변인에 따른 조직문화 유형

각 유형의 특성을 알아보기 위해 조직문화 유형에 속해 있는 교사나 시설의 특성을 일원배치분산분석으로 분석하였으며, 그 결과는 〈표 26〉, 〈표 27〉, 〈표 28〉과 같다.

〈표 26〉에 의하면 교사의 연령과 재직기간이 각 조직문화 유형 군집에 따라 유의한 차이가 있었다. 강한 균형문화 유형의 교사 평균연령은 31.1세(SD=.7.58)이고 안정지향문화는 평균 30.4세(SD=.6.94), 변화지향문화는 평균 30.3세(SD=6.74), 약한 균형문화는 평균 28.4세(SD=5.49)로 강한 균형문화 유형의 교사들이 연령이 가장 높고, 약한

균형문화 유형의 교사연령이 가장 낮은 것으로 나타났으며(F=3.29, p<.001), 사후검증(Scheffe) 결과 약한 균형문화 유형과 강한 균형문화 유형 간에 유의한 차이가 있는 것으로 나타났다. 재직기간을 살펴보면 변화지향문화 유형은 43.71개월로 가장 높았으며 강한 균형문화 유형은 평균 42.7개월, 안정지향문화는 33.99개월이고 약한 균형문화가 33.74개월로 가장 낮게 나타났으며(F=2.81, p<.05), 사후검증(Scheffe) 결과 변화지향문화 유형과 강한 균형문화 유형이 약한 균형문화 유형과 안정지향문화 유형보다 교사의 재직기간이 유의하게 높은 것으로 나타났다.

조직문화 유형에 따라 교사의 학력에 차이가 있는가를 알아보기 위해 교차분석을 실시한 결과는 〈표 27〉과 같다. 고졸은 각 조직문화 유형 간에 큰 차이가 없이 비슷하게 분포되어 있으며 초대졸에서는 안정지향문화가 23.7%, 변화지향문화가 35.3%로 다른 문화 유형에 비해 높게 나타났다. 대졸 이상은 강한 균형문화 28.6%로 가장 많았고 약한 균형문화가 19.9%로 가장 낮게 나타났다. 조직문화 유형에 따라 고졸에서는 큰 차이가 없으나 초대졸, 대졸 이상에서는 조직문화 유형에 따라 차이가 있었지만 통계적으로는 유의하지 않았다.

〈표 26〉 조직문화 유형에 따른 교사 개인배경의 차이

	구 분	M	SD	F	Scheffe
연 령	안정지향(113)	30.03	6.94	3.29***	b>c
	강한 균형(121)	31.11	7.58		
	약한 균형(104)	28.46	5.49		
	변화지향(154)	30.46	6.74		

구 분		M	SD	F	Scheffe
경 력 (개월 수)	안정지향(113)	63.39	50.51	1.81	
	강한 균형(121)	74.57	64.74		
	약한 균형(104)	58.97	51.11		
	변화지향(154)	69.20	60.30		
재직기간 (개월 수)	안정지향(113)	33.99	30.35	2.81*	b,d〉a,c
	강한 균형(121)	42.70	42.14		
	약한 균형(104)	33.74	33.21		
	변화지향(154)	43.71	42.15		

주) a: 안정지향문화, b: 강한 균형문화, c: 약한 균형문화, d: 변화지향문화
***p〈.0001

〈표 27〉 조직문화 유형에 따른 교사학력 차이

학 력	안정지향(113)	강한 균형(121)	약한 균형(104)	변화지향(154)
고 졸(89)	17(19.1%)	23(25.3%)	25(28.1%)	24(27.0%)
초대졸(232)	55(23.7%)	50(21.6%)	45(19.4%)	82(35.3%)
대졸 이상(171)	41(22.4%)	48(28.6%)	34(19.9%)	48(29.1%)
κ^2	2.24			

조직문화 유형별 시설특성 차이를 알아보기 위해 교차분석을 실시
한 결과 〈표 28〉에서와 같이 나타났다. 시설 유형에 따라 조직문화 유
형에 유의한 차이가 나타났는데, 정부지원 시설에서는 변화지향문화가
30.1% 가장 많았고, 강한 균형문화 유형이 28.3%, 안정지향문화가
24.3%이며 약한 균형문화 17.8%로 가장 적은 것으로 나타났다. 개인
시설에서는 변화지향문화가 33.7%로 가장 많았고, 다음으로 약한 균
형문화가 28.8%, 안정지향문화가 20.2%이고 강한 균형문화가 17.2%
로 가장 적게 나타났으며, 이들은 통계적으로 .01 수준에서 유의하였
다(κ^2=13.53, p〈.01). 또한 시설규모에 따라 조직문화 유형에 차이가

있었는데, 시설규모가 작은 경우 변화지향문화가 35.6%로 가장 많았고, 중간 규모도 변화지향문화가 31.2%로 가장 많았으며, 약한 균형문화가 24.1%를 차지하였다. 교직원 15명 이상의 큰 규모 시설에서는 안정지향문화 43.2%로 가장 많은 것으로 나타났으며 이들 결과는 통계적으로 유의하였다(κ^2=28.45, p<.001)

<표 28> 조직문화 유형에 따른 시설특성

구 분		안정지향 (113)	강한 균형 (121)	약한 균형 (104)	변화지향 (154)
시설 유형	지원시설(329)	80(24.3%)	93(28.3%)	57(17.3%)	99(30.1%)
	개인시설(163)	33(20.2%)	28(17.2%)	47(28.8%)	55(33.7%)
	κ^2	13.53**			
시설 규모	작은규모(174)	26(14.9%)	48(27.6%)	38(21.8%)	62(35.6%)
	중간규모(237)	52(21.9%)	54(22.8%)	57(24.1%)	74(31.2%)
	큰규모(81)	35(43.2%)	19(23.5%)	9(11.1%)	18(22.2%)
	κ^2	28.45***			

주) a: 안정지향문화, b: 강한 균형문화, c: 약한 균형문화, d: 변화지향문화
**p<.01   ***p<.0001

조직문화 유형별 근무조건 인식의 차이를 살펴본 결과는 <표 29>와 같이 나타났다. 귀하가 근무하는 어린이집의 보수 및 근무시간 등의 조건이 적절하다고 생각하는가 하는 질문으로 보수 및 조건의 적절성을 파악하였는데, 이는 <표 29>에서 보는 바와 같이 강한 균형문화에서 평균 4.23(SD=.96)으로 가장 높게 나타났으며, 다음으로 안정지향문화가 평균 3.87(SD=.85), 변화지향문화가 평균 3.68(SD=.82)로 나타났고, 약한 균형문화가 평균 2.92(SD=.94)로 가장 낮게 나타났으며, 이는 통계적으로 유의하였다(F=42.04, p<.001). 사후검증(Scheffe) 결

과 안정지향문화와 변화지향문화는 동질집단으로 구분되었고, 이들과 약한 균형문화, 강한 균형문화 간에 유의한 차이가 있는 것으로 나타 났다.

<표 29> 조직문화 유형에 따른 근무조건

구 분		M	SD	F	Scheffe
보수 및 조건	안정지향(113)	3.87	.85	42.04***	c<a, d<b
	강한 균형(121)	4.23	.96		
	약한 균형(104)	2.92	.94		
	변화지향(154)	3.68	.82		
교육 지원	안정지향(113)	3.88	.99	45.50***	c<a, d<b
	강한 균형(121)	4.36	.83		
	약한 균형(104)	2.93	.98		
	변화지향(154)	3.59	.91		
시설장 관리능력	안정지향(113)	4.12	.84	52.83***	c<a, d<b
	강한 균형(121)	4.43	.65		
	약한 균형(104)	3.17	.87		
	변화지향(154)	3.95	.71		

주) a: 안정지향문화, b: 강한 균형문화, c: 약한 균형문화, d: 변화지향문화
***p<.0001

교사교육 지원에 대한 인식은 강한 균형문화에서 평균 4.36(SD=.83)으로 가장 높았고, 약한 균형문화에서 평균 2.93(SD=.98)으로 가장 낮게 나타났으며, 이는 F=45.50(p<.001) 수준에서 유의하였다. 시설장 관리능력에 대한 인식에서도 강한 균형문화는 평균 4.43(SD=.65)으로 가장 높았고, 약한 균형문화 군집의 평균 3.17(SD=.87)로 가장 낮았으며, 안정지향문화가 평균 4.12((SD=.84), 변화지향문화는 평균 3.95(SD=.78)로 나타났다(F=52.83, p<.001). 사후검증(Scheffe) 결과 보수 및 조건

의 결과와 마찬가지로 교육지원과 시설장 관리능력에서도 안정지향문화와 변화지향문화는 동질집단이고, 이들과 강한 균형문화와 약한 균형문화 간에 유의한 차이가 있는 것으로 나타났다.

2) 조직문화 유형에 따른 보육서비스의 질

네 가지 조직문화 유형에 따라 보육서비스의 질이 차이가 있는지를 알아보기 위해 일원배치분석을 실시하였다. 그 결과 〈표 30〉에서와 같이 보육서비스의 질은 강한 균형문화 집단이 평균 4.13(SD=.42)으로 가장 높고, 약한 균형문화 집단이 평균 3.18(SD=.35)로 가장 낮았으며, 안정지향문화가 평균 3.76(SD=.42), 변화지향문화가 평균 3.66(SD=.39)의 순으로 나타났다. 사후검증(Scheffe) 결과 안정지향문화와 변화지향문화만 동질집단으로 나타났고, 각 집단 간에 유의한 차이가 나타났다(F=105.70, p<.001).

보육서비스의 하위요인별로 살펴보면 교육서비스, 보건서비스, 복지서비스에서 조직문화 유형 간에 통계적으로 유의한 차이가 있었다. 교육서비스는 강한 균형문화인 경우 평균 4.32(SD=.41)로 가장 높았고, 약한 균형문화는 평균 3.39(SD=.40)로 가장 낮았다(F=96.32, p<.001). 보건서비스에서도 강한 균형문화 유형이 평균 4.45(SD=.42)로 가장 높았고 약한 균형문화는 평균 3.47(SD=.48)로 가장 낮았다(F=93.14, p<.001). 복지서비스도 강한 균형문화 유형이 평균 3.63(SD=.71)으로 가장 높았고, 약한 균형문화 유형은 평균 2.67(SD=.50)로 가장 낮았다(F=41.60, p<.001).

사후검증(Scheffe) 결과 안정지향문화와 변화지향문화는 동질집단이고 각 집단 간의 유의한 차이가 있는 것으로 나타났다. 즉 조직문화의 강도가 높고 각 조직문화 요인별로 균형 있게 높게 나타날 때 보육서비스의 질이 높다고 할 수 있으며, 반면 조직문화의 강도가 모 두 약할 때 보육서비스의 질이 낮은 것을 알 수 있다.

〈표 30〉 조직문화 유형에 따른 보육서비스의 질

구 분		N	평균	표준편차	F 값	Scheffe 사후검증
교육 서비스	안정 지향문화	113	3.91	.41		
	강한 균형문화	121	4.32	.41		
	약한 균형문화	104	3.39	.40	96.32***	c<a, d<b
	변화 지향문화	154	3.85	.40		
	계	492	3.88	.51		
보건 서비스	안정 지향문화	113	4.10	.46		
	강한 균형문화	121	4.45	.42		
	약한 균형문화	104	3.47	.48	93.14***	c<a, d<b
	변화 지향문화	154	4.06	.40		
	계	492	4.04	.55		
복지 서비스	안정 지향문화	113	3.27	.71		
	강한 균형문화	121	3.63	.71		
	약한 균형문화	104	2.67	.50	41.60***	c<a, d<b
	변화 지향문화	154	3.07	.67		
	계	492	3.17	.74		
전체	안정 지향문화	113	3.76	.42		
	강한 균형문화	121	4.13	.42		
	약한 균형문화	104	3.18	.35	105.70***	c<a, d<b
	변화 지향문화	154	3.66	.39		
	계	492	3.70	.51		

주) a: 안정지향문화, b: 강한 균형문화, c: 약한 균형문화, d: 변화지향문화
***p<.0001

3. 교사 및 시설 관련 변인과 보육서비스 질의 관계에서 조직문화의 매개효과

앞의 결과에서 개인배경 및 시설 관련 변인의 보육서비스 질에 대한 영향력은 약하게 나타났다. 교사의 학력, 경력과 같은 개인배경변인은 분명 보육서비스 질에 중요한 요인임에도 불구하고 유의한 영향력이 나타나지 않은 것은 개인배경변인은 독립적으로, 직접적으로 보육서비스 질에 작용하기보다는 오히려 조직의 맥락 속에서 조직문화의 역할로서 간접적인 작용이 클 것으로 가정하고 이를 분석하였다.

일반적으로 매개(mediate)효과란 독립변수가 매개변수에 의미 있게 영향을 미치고, 매개변수도 종속변수에 의미 있게 영향을 미치며, 독립변수는 매개변수를 거치지 않고도 종속변수에 의미 있게 영향을 미칠 때 발생한다고 말한다. 매개효과가 있는지를 확인하기 위한 방법으로 독립변수만으로 회귀분석한 결과와 독립변수와 매개변수를 함께 포함한 회귀분석 결과를 비교하여 종속변수에 대한 효과가 감소하였을 때 매개효과가 나타난다고 본다. 또는 독립변수와 종속변수 간의 단순상관관계 분석결과와 매개변수를 통제한 편상관관계 분석결과를 비교하여 상관계수가 현격하게 감소하였을 때 매개효과가 있다고 본다. 매개효과 검증을 위한 회귀분석 결과와 편상관관계 분석결과는 〈부록〉에 제시하였다.[7] 이 결과에 의하면 본 연구에서 매개변수로 설

---

7) 개발문화와 합리문화를 통제하였을 때 시설 유형, 시설규모, 교사의 연령, 학력, 경력의 상관계수가 현저히 감소하였거나 의미 없게 되었다. 보수 및 조건, 교육지원, 시설장 관리능력에서도 합리문화와 개발문화를 제거하였을 때 .16에서 .20까지 감소한 것으로 보아 합리문화와 개발문화가 매개역할을 한다고 볼 수 있다.

정한 조직문화는 개인 및 시설특성변인의 보육서비스 질에 대한 영향력에 유의한 매개역할을 할 것으로 판단되지만 이에 대한 구체적인 검증이 필요하다.

본 연구에서는 매개효과를 분석하기 위해 Preacher와 Leonardelli가 제안한 Sobel 검증을 이용하였다.[8] Sobel 검증은 독립변수와 종속변수, 그리고 매개변수의 관계에서 종속변수에 대한 매개변수의 회귀분석결과가 유의미하고, 매개변수에 대한 독립변수의 회귀분석 결과가 유의미하다는 것을 전제로 하며, 변수들 간의 단순선형회귀분석을 실행하여 그 결과에서 비표준화계수, 표준오차 혹은 t 값을 사용하여 유의미한 매개효과가 있는지를 확인하는 것이다. Sobel 검증을 위한 방정식으로 MacKinnon, Warsi와 Dwyer(1995)가 제안한 방정식[9]과 Baron과 Kenny(1986)가 제안한 방정식이 주로 사용되는데, 본 연구에서는 Baron과 Kenny(1986)가 제안한 Sobel test Goodman(1) 버전을 사용하였다. 이 방법은 매개효과의 값(z-value)을 $a^*b/SQRT(b^{2*}Sa^2+a^2Sb^2 +Sa^2Sb^2)$[10] 의 공식으로 산출한 것으로 이것은 표준오차가 아주 작다는 가정이 필요 없으므로 유용하다(Preacher & Leonardelli, 2003).

개인특성변인, 시설특성변인과 근무조건 등의 세 가지 변인군의 보육서비스 질에 대한 조직문화의 매개효과를 분석결과를 제시하면 다음과 같다.

---

8) http://www.unc.edu/~preacher/sobel/sobel.htm 참조.

9) $a^*b/SQRT(b^{2*}Sa^2+a^2Sb^2)$.

10) a=독립변수와 매개변수 간의 비표준화계수, Sa=a의 표준오차, b=종속변수와 매개변수 간의 비표준화계수, Sb=b의 표준오차.

1) 독립변수, 매개변수의 종속변수에 대한 직접효과 검증

교사 개인배경 및 시설 관련 변인의 보육서비스 질에 대한 직접적인 영향력을 알아보기 위해 독립변수 각각을 투입하여 단순선형회귀분석을 하였다. 그 결과 〈표 31〉에서와 같이 보육서비스 질에 직접적인 영향력을 미치는 변인은 교사의 학력(β=.08, p<.05), 시설 유형(β=-.24, p<.001), 시설규모(β=.02, p<.001) 등이 직접적인 영향을 미치고 있는 것으로 나타났다.

또한 본 연구의 매개변수인 조직문화의 하위요인별로 보육서비스 질에 대한 직접적인 영향력을 분석하기 위해 단순선형회귀분석을 실시한 결과 관계문화(β=.28, p<.001), 개발문화(β=.57, p<.001), 위계문화(β=.44, p<.001), 합리문화(β=.57, p<.001)로 모두 직접적인 영향을 미치는 것으로 나타났다. 그중 합리문화가 직접효과가 가장 크고 관계문화가 가장 낮았다.

〈표 31〉 교사 관련 변인의 보육서비스 질에 대한 직접적인 영향력

구 분		R^2	F	B	β	t
독립변수	연 령	.072	2.48	.007	.07	1.57
	학 력	.012	7.67**	.08	.12	2.77**
	경 력	.006	3.52	.00	.08	1.87
	재직기간	.000	.10	.00	.01	.33
	시설 유형	.045	22.49***	-.23	-.21	-4.74***
	시설규모	.058	29.14***	.02	.24	5.40***
매개변수	관계문화	.137	78.02***	.28	.37	8.82***
	개발문화	.391	144.83***	.57	.62	17.74***
	위계문화	.245	112.72***	.44	.49	12.62***
	합리문화	.407	175.18***	.57	.63	18.32***

*p<.05, **p<.01, ***p<.0001

2) 교사 개인배경 변인과 보육서비스 질 간의 관계에서 조직문화의 매개효과

교사 개인배경변인의 보육서비스 질에 대한 영향을 조직문화가 매개하는지를 분석한 결과는 〈표 32〉와 같다. 〈표 32〉에 의하면 연령이 높을수록 교사가 인식한 합리문화는 높았으며, 교사의 연령은 합리문화의 매개역할에 의해 보육서비스 질에 유의미한 영향을 미치는 것으로 나타났다($z = .432$, $p < .001$). 즉 교사의 연령은 합리문화가 높게 나타날 때 강하게 보육서비스 질에 유의한 영향을 미친다고 할 수 있다. 교사의 경력도 마찬가지로 합리문화가 높을수록 교사의 경력이 보육서비스 질에 정적인 영향을 미치도록 작용하는 것으로 나타났다. 교사의 개인배경변인은 보육서비스 질에 학력만이 직접적인 효과가 있을 뿐 직접적인 영향력을 갖지 못하며, 교사의 연령과 교사의 경력은 직접적인 영향을 미치지 못하지만 합리문화의 매개역할에 의해 보육서비스의 질에 영향을 미친다고 정리할 수 있다.

교사의 개인배경변인에 대한 조직문화의 매개역할이 미미한 것으로 나타났으므로 개인배경변인에 대한 조직문화의 조절효과를 알아볼 필요가 있다.

〈표 33〉에 의하면 교사의 연령은 개발문화와 합리문화가 조절작용을 하여 보육서비스 질에 유의미한 영향을 미치는 것으로 나타났으며, 학력은 개발문화가 조절작용을 하는 것으로 나타났다($\beta = .273$, $p < .001$). 즉 개발문화가 강하게 나타날수록 교사의 학력과 교사의 연령이 보육서비스 질에 유의하게 정적으로 강한 영향을 미친다고 할 수 있으며, 합리문화가 강하게 나타날수록 교사의 연령이 보육서비스 질에 강한 영향을 미친다고 할 수 있다. 또한 교사의 경력은 관계문화가 조절작용을 하여 관계문화가 높을수록 교사의 경력이 유의하게 보육서비스 질

에 영향을 미치는 것으로 나타났다. 반면, 재직기간에서는 조직문화의 조절효과가 나타나지 않았다.

〈표 32〉 개인배경변인과 보육서비스 질의 관계에서 조직문화의 매개효과

독립변수	매개변수		R^2	비표준화계수	표준오차	표준화계수	z-value
교사연령	관계문화	a	.006	.0073	.004	.07	1.71
		b	.143***	.286	.033	.372***	
	개발문화	a	.006	.008	.005	.079	1.59
		b	.396***	.574	.033	.60***	
	위계문화	a	.002	.004	.005	.039	.79
		b	.252***	.443	.035	.497***	
	합리문화	a	.017**	.014	.005	.132**	4.32***
		b	.412***	.576	.032	.644***	
교사학력	관계문화	a	.003	.007	.006	.055	1.15
		b	.159***	.290	.032	.379***	
	개발문화	a	.004	.050	.035	.066	1.42
		b	.403***	.571	.033	.623***	
	위계문화	a	.002	.036	.036	.047	.99
		b	.259***	.440	.035	.49***	
	합리문화	a	.007	.066	.036	.086	1.82
		b	.417***	.569	.031	.636***	
교사경력	관계문화	a	.005	.001	.001	.070	.99
		b	.144***	.280	.033	.371***	
	개발문화	a	.007	.001	.001	.085	.99
		b	.380	.555	.031	.60***	
	위계문화	a	.001	.000	.001	.033	.72
		b	.254***	.442	.035	.496***	
	합리문화	a	.043	.002	.000	.20***	4.73***
		b	.410***	.574	.032	.642***	

독립 변수	매개변수		R²	비표준 화계수	표준오차	표준화계수	z-value
재 직 기 간	관계문화	a	.008	.0015	.001	.09*	.99
		b	.141***	.288	.033	.376***	
	개발문화	a	.011	.001	.001	.10*	.99
		b	.374	.562	.032	.61***	
	위계문화	a	.001	.000	.001	-.028	.01
		b	.250***	.445	.035	.500***	
	합리문화	a	.001	.000	.001	.026	.57
		b	.412***	.574	.031	.642***	

*p<.05, **p<.01 ***p<.001

주1) a: 독립변수의 매개변수에 대한 영향력
　　 b: 독립변수, 매개변수의 종속변수에 대한 영향력

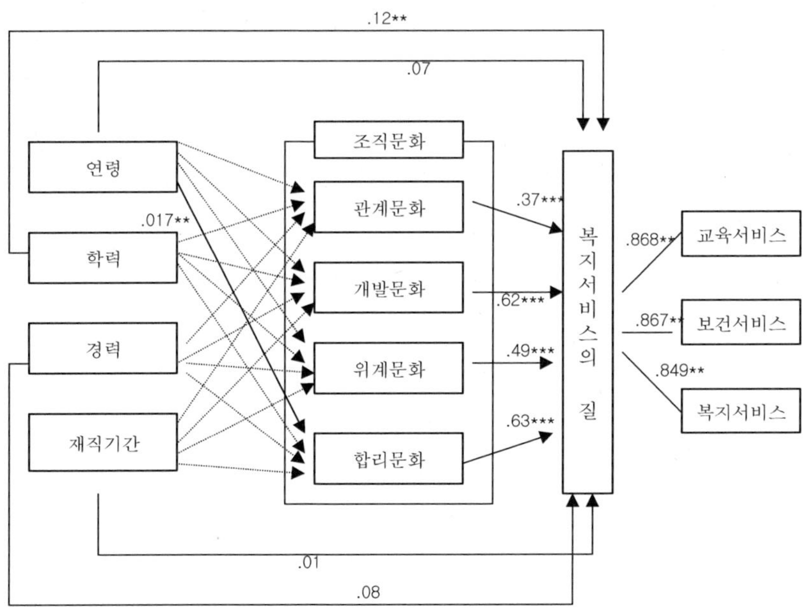

〈그림 4〉 교사 개인배경변인과 보육서비스 질의 관계에서
조직문화의 매개효과

<표 33> 교사 개인배경변인의 조직문화의 조절효과

구 분	β	t
관계문화*시설규모	.232	5.34***
관계문화*교사연령	.686	7.23***
관계문화*재직기간	-.811	-3.22**
개발문화*시설 유형	-.075	-1.99*
개발문화*시설규모	.177	4.50***
개발문화*교사연령	.872	14.78***
위계문화*교사연령	.679	11.81***
합리문화*교사연령	.953	16.45***

*p<.05, **p<.01 ***p<.001

이상을 정리하면 조직문화 중에서 합리문화만이 교사의 개인배경변인 일부를 매개하는 것으로 나타났다. 관계문화, 개발문화, 위계문화, 합리문화 모두 보육서비스 질과 정적인 상관이 있으나 교사의 개인배경변인의 보육서비스 질에 대한 매개역할을 하는 것은 합리문화뿐이며, 교사의 연령과 경력이 보육서비스 질에 간접효과를 미치도록 매개하였다. 또한 개인배경변인에 대한 조직문화의 역할은 매개효과보다는 조절효과가 더 높았다. 개발문화, 합리문화는 교사의 연령과 학력과 상호작용하여 보육서비스 질에 유의미한 영향을 미치며, 관계문화는 교사의 경력과 상호작용하여 보육서비스 질에 유의한 영향을 미치는 것으로 나타났다. 즉 개인배경변인은 독립적으로는 보육서비스 질에 매우 미약한 영향력을 행사하지만 그중 일부(연령, 학력, 경력 등)는 조직문화의 매개역할과 조절작용에 의해 보육서비스 질에 간접적으로 영향을 미친다고 할 수 있다.

3) 시설 관련 변인과 보육서비스 질의 관계에서 조직문화의 매개효과

□ 시설특성변인에 대한 매개효과

시설특성변인의 보육서비스 질에 대한 영향을 조직문화가 매개하는지를 분석한 결과는 〈표 34〉과 같다. 〈표 34〉에 의하면 관계문화는 시설 유형과 시설규모의 보육서비스 질에 대한 영향력을 유의하게 매개하는 것으로 나타났다. 개인시설이 정부지원시설에 비해 $\beta=-.21$ 수준만큼 관계문화가 낮게 나타났으며, 관계문화는 $z=-5.58(p<.001)$로 개인시설의 보육서비스 질에 대한 부적 영향력을 매개하여 관계문화가 높을수록 보육서비스의 질적 수준은 높아진다. 개발문화도 시설 유형의 보육서비스 질에 대한 효과를 잘 매개하였다($z=-3.62,\ p<.001$). 시설규모는 개발문화와 유의한 정적 상관이 있으며 개발문화는 보육서비스 질에 영향을 미치고 있으며, Sobel 검증결과 시설규모의 보육서비스 질에 대한 개발문화의 매개효과 또한 통계적으로는 유의한 결과가 나타나고 있다. 반면, 위계문화는 시설 유형의 보육서비스 질에 대한 효과는 매개하였으나($z=-2.88,\ p<.05$), 시설규모의 영향력은 매개하지 못하였다. 합리문화는 시설 유형($z=-3.37,\ p<.001$)과 시설규모의 보육서비스 질에 대한 영향력($z=3.99,\ p<.001$)을 모두 유의하게 매개하였다.

〈표 34〉 시설특성변인과 보육서비스 질의 관계에서
조직문화의 매개효과

독립 변수	매개 변수		R^2	비표준 화계수	표준 오차	표준화 계수	z-value
시설 유형	관계문화	a	.045***	-.235	.049	-.212***	-5.58***
		b	.181***	.283	.032	.369***	
	개발문화	a	.033***	-.291	.054	-.181***	-3.62***
		b	.405***	.559	.033	.061***	
	위계문화	a	.018**	-.166	.056	-.133**	-2.88*
		b	.270***	.427	.035	.479***	
	합리문화	a	.029***	-.210	.056	-.170***	-3.37***
		b	.423***	.558	.039	.624***	
시설 규모	관계문화	a	.010*	-.012	.006	-.099*	1.96*
		b	.218***	.309	.031	.403***	
	개발문화	a	.008*	.009	.005	.092*	2.71**
		b	.429***	.561	.032	.612***	
	위계문화	a	.001	.003	.005	.037	.59
		b	.298***	.437	.034	.491***	
	합리문화	a	.032***	.019	.005	.178***	3.99***
		b	.429***	.553	.031	.619***	

*p<.05, **p<.01 ***p<.001
주1) a: 독립변수의 매개변수에 대한 영향력
　　 b: 독립변수, 매개변수의 종속변수에 대한 영향력
주2) 시설 유형은 국·공립시설을 기준변수로 하였으며 개인시설의 영향력임.

정리해 보면 관계문화와 합리문화, 개발문화는 시설 유형과 시설규모의 보육서비스 질에 대한 영향력을 잘 매개하였으나, 위계문화는 시설 유형의 보육서비스 질에 대한 영향력만을 유의하게 매개하였다.

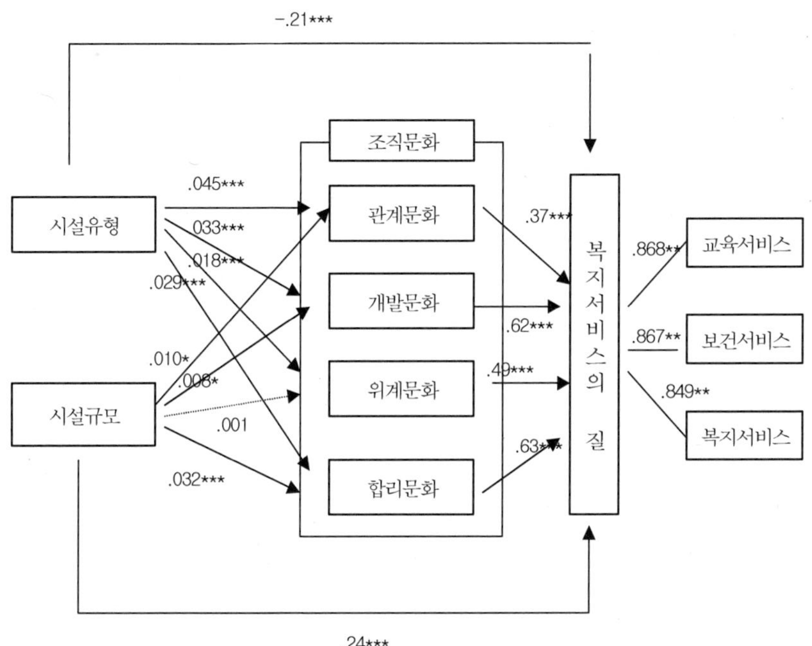

〈그림 5〉 시설특성변인과 보육서비스 질의 관계에서
조직문화의 매개효과

☐ 근무조건과 보육서비스 질의 관계에서 조직문화의 매개효과

조직문화 요인들이 근무조건의 보육서비스 질에 대한 영향을 매개
하는지를 알아본 결과는 〈표 35〉과 같이 나타났다.

〈표 35〉 근무조건과 보육서비스 질의 관계에서 조직문화의 매개효과

매개	독립변수		R^2	비표준 화계수	표준 오차	표준화 계수	z-value
관계 문화	보수 및 조건	a	.056***	.159	.030	.236***	4.17***
		b	.383***	.193	.028	.250***	
	교육지원	a	.053***	.147	.028	.231***	4.14***
		b	.436***	.186	.027	.241***	
	시설장능력	a	.079***	.213	.033	.280***	4.32***
		b	.454***	.159	.027	.206***	
개발 문화	보수 및 조건	a	.207***	.257	.023	.455***	8.43***
		b	.493***	.424	.033	.462***	
	교육지원	a	.236***	.260	.021	.486***	8.57***
		b	.520***	.392	.033	.426***	
	시설장능력	a	.269***	.331	.025	.519***	8.48***
		b	.531***	.366	.033	.399***	
위계 문화	보수 및 조건	a	.072***	.157	.025	.269***	5.38***
		b	.451***	.328	.031	.369***	
	교육지원	a	.096***	.172	.024	.310***	5.79***
		b	.483***	.298	.030	.339***	
	시설장능력	a	.093***	.201	.028	.305***	5.82***
		b	.513***	.292	.029	.329***	
합리 문화	보수 및 조건	a	.266***	.298	.022	.515***	9.12***
		b	486***	.421	.034	.469***	
	교육지원	a	.290***	.295	.021	.539***	8.83***
		b	.512***	.387	.034	.430***	
	시설장능력	a	.272***	.340	.025	.522***	8.83***
		b	.540***	.373	.032	.415***	

*p<.05, **p<.01 ***p<.001

주1) a: 독립변수의 매개변수에 대한 영향력

b: 독립변수의 매개변수의 종속변수에 대한 영향력

〈표 35〉에 의하면 보수 및 조건은 보육서비스 질에 유의한 영향을 미치며 집단문화, 개발문화, 위계문화, 합리문화가 이를 잘 매개하였다. z-value에 의하면 개발문화와 합리문화의 매개효과가 크게 나타났으며 보수 및 조건이 보육서비스 질과의 관계에서 합리문화의 매개효과가 가장 큰 것으로 나타났다(z=.912, p<.001). 교육지원과 시설장 관리능력의 보육서비스 질에 대한 영향에 있어서도 합리문화가 이를 가장 잘 매개하였다. 근무조건은 보육서비스 질에 대해 직접적으로도 그 영향력이 크지만 조직문화의 매개 역할에 의한 간접적 영향력도 크다고 할 수 있다.

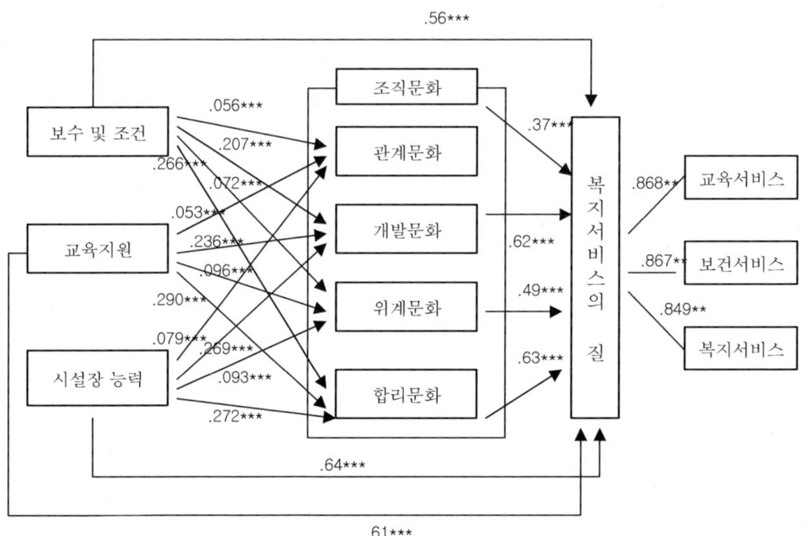

〈그림 6〉 근무조건과 보육서비스 질의 관계에서 조직문화의 매개효과

V. 논의 및 결론

1. 논 의

본 연구는 개인 및 시설 관련 변인의 보육서비스의 질에 대한 영향을 알아보고, 이들 관련 변인과 보육서비스 질 간의 관계에서 조직문화가 매개역할을 하는지를 검증하기 위한 것이었다. 또한 보육시설의 조직문화 유형을 알아보고 보육서비스 질과의 관계가 어떠한지를 분석하였다. 이를 위해 전국의 보육시설 종사자를 임의 표집하여 492명을 연구대상으로 질문지 조사를 하였으며, 자료분석은 SPSS 10.1을 이용하였다.

다음은 연구문제에 따라 본 연구의 결과를 요약하고 연구결과의 중요 사항에 대해 논의하고자 한다.

1) 교사 및 시설 관련 변인과 보육서비스 질의 관계

전반적인 보육서비스의 질은 평균 3.74로 약간 높은 편이었으며, 보건서비스의 질이 평균 4.04로 가장 높았고, 다음이 교육서비스의 질(M=3.88)이고, 복지서비스의 질이 평균 3.17로 가장 낮게 나타났다. 이러한 보육서비스 질에 영향을 미치는 변인으로 교사 및 시설특성변인은 많은 연구를 통해 검증되어 왔다(Berk, 1985; Rosental, 1991; Pence & Goelman, 1991; 홍근민, 1996; 조선영, 1991; 오미경, 1998, 이경선, 2000; 이경선, 이영석, 2001). 특히 교사의 연령, 학력, 경력, 재직기간과 같은 특성변인은 보육시설의 질과 관련하여 교사배출, 근무조건 등 제도적인 부분과 관련된 가장 기본적인 요소이기 때문에 중요하게 다루어지고 있다.

연구문제 1에서는 교사 및 시설 관련 변인에 따른 보육서비스 질적 수준을 알아보고 이들 변인의 보육서비스 질에 대한 영향력을 분석하였다. 분석한 결과 보육서비스의 질은 학력($F=4.51$, $p<.05$)에 따라 유의한 차이가 나타날 뿐 다른 변인에 따라서는 유의한 차이가 없었다. 보육서비스 질의 하위요인별로 살펴보면 교육서비스는 연령($F=3.56$ $p<.05$), 학력($F=4.32$, $p<.01$), 경력($F=3.99$, $p<.01$), 재직기간($F=2.62$, $p<.05$)에 따라 유의한 차이가 있었다. 보건서비스는 연령($F=4.77$, $p<.01$), 학력($F=6.04$, $p<.01$), 경력($F=2.97$, $p<.05$)에 따라 유의한 차이가 있었다. 복지서비스는 개인배경 변인에 따른 차이가 나타나지 않았다. 즉 교사의 학력이 높은 집단이 낮은 집단에 비해 보육서비스의 질이 높으며, 학력이 고졸인 집단($M=3.61$)보다 대졸 이상($M=3.80$)의 집단이 보육서비스의 질이 높게 나타났다. 이는 Berk (1985), 조선영 (1991), 조인숙(1997)이 교사의 학력이 높을수록 서비스 질이 높다고 한 결과와 일치한다. 강숙현(1988), 이경선(2000), 김인(2003)의 연구에서는 보육시설의 교사들이 오래 근무할수록 보육서비스의 질이 높다고 하였지만, 본 연구에서는 재직기간은 보육서비스 질에 의미 있는 영향을 미치지 않았다. 본 조사대상의 69.4%가 현 시설 재직기간이 3년 이하로 한 시설에서 오랫동안 근무한 교사의 비율이 낮은 데서 오는 결과로 해석된다.

시설 유형에 따라 보육서비스 질에 차이가 있는가를 알아본 결과 정부지원시설과 개인시설 간에 유의한 차이가 나타났다($F=26.39$, $p<.001$). 시설 유형은 하위요인에서도 유의한 차이가 나타났다. 교육서비스($F=32.60$, $p<.001$), 보건서비스($F=30.85$, $p<.001$), 복지서비스($F=7.12$, $p<.05$) 요인에서 모두 정부지원시설이 유의하게 높게 나타

났다. 시설규모에 따라서도 보육서비스 질에 유의한 차이가 나타났다 (F=15.09, p<.001). 이는 Ostrom(1973), Lee, Michael(1996)은 시설규모에 따라 보육서비스의 질에 차이가 있다고 한 것과 일치하는 결과이다.

본 연구에서 변인특성에 따라 보육서비스 질에 대한 상대적인 영향력을 비교하기 위해 위계적 회귀분석을 실시하였다. 그 결과 교사 개인변인만을 투입하였을 때 설명력은 2.8%이었고, 교사의 학력(β=.12, p<.01)이 영향력 있는 변인으로 학력이 높을수록 보육서비스의 질이 높은 것으로 나타났다. 관련 변인을 모두 투입했을 때 교사배경변인에서는 유의한 변인이 나타나지 않았으며, 시설규모(β=.06, p<.01), 근무조건(β=.12, p<.01)과 개발문화(β=.18, p<.001), 위계문화(β=.18, p<.001), 합리문화(β=.13, p<.01)가 유의한 영향을 미치는 것으로 나타났다(R^2=.628, F=53.62, p<.001). 하위요인별로 살펴보면 교육서비스에서도 교사 개인배경변인만을 투입했을 때는 교사학력(β=.10, p<.05)이 유의한 영향을 미치는 것으로 나타났으나, 변인 모두를 함께 투입했을 때 교사 개인배경변인은 영향력이 없고 개발문화(β=.25, p<.001), 위계문화(β=.16, p<.001), 합리문화(β=.15, p<.01)와 시설장의 관리 능력(β=.23, p<.001), 교육지원(β=.15, p<.01), 보수조건(β=.12, p<.01), 시설 규모(β=.07, p<.05)가 유의한 영향변인으로 나타났다. 보건서비스 요인에서는 교사변인만을 투입했을 때는 교사의 학력(β=.14, p<.01)이 유의한 영향을 미치는 것으로 나타났으나 변인 모두를 함께 투입했을 때는 교사의 연령(β=.09, p<.05), 보수 및 조건(β=.12, p<.01), 시설관리능력(β=.24, p<.001)과 조직문화 요인이 유의한 영향을 미치는 것으로 나타났다. 복지서비스 요인은 교사배경변인만의 영향력을 분석했을 때는 재직기간(β=-.17, p<.05)이 부적인

영향을 미치는 것으로 나타났으나 변인 모두를 투입했을 때는 시설 유형(β=.11, p<.01), 보수 및 조건(β=.12, p<.05), 교육지원(β=.23, p<.001), 시설장 관리능력(β=.17, p<.01)과 위계문화(β=.15, p<.001), 합리문화(β=.11, p<.01)가 유의한 영향변인으로 나타났다. 이상의 결과를 통해 볼 때 보육서비스 질에 대한 교사배경변인의 영향력은 약하게 나타나고 있으며, 시설 유형, 시설규모와 같은 시설특성변인과 보수 및 교육지원, 시설장 관리능력과 같은 근무조건의 영향력이 큰 것을 알 수 있다. 다시 말하면, 인건비에 대한 재정지원이 되는 것과 일정 규모 이상의 인적 구성이라는 조건이 교사의 개인적인 특성이 우수한 것보다 보육서비스의 질에 직접적으로 영향력을 미친다고 할 수 있다. 이들 변인 간 상관관계를 살펴보면 정부지원시설일수록 교사의 경력, 학력, 연령, 재직기간이 높은 교사들을 확보하고 있는 것으로 나타났고, 시설규모는 학력과 높은 상관이 있는 것으로 나타났다. 시설 유형과 규모가 교사의 특성변인과 높은 상관이 있음에도 불구하고 교사특성변인의 직접적인 영향력은 나타나지 않고 시설특성변인이 보육서비스 질에 직접적인 영향력이 있는 것으로 나타난 것은 시설 유형이 갖고 있는 인적구성과 조직의 특성으로 오는 효과라고 분석할 수 있다.

조직문화 요인 중에서는 관계문화를 제외하고 개발문화, 위계문화, 합리문화 등이 유의한 영향을 미치는 것으로 나타났다. 보육서비스 질에 대한 독립변수(시설 및 개인특성변인)와 매개변수(조직문화)는 전체의 47%를 설명하는 것으로 나타나, 선행연구에서 유의한 변인으로 검증된 시설 및 개인특성변인과 함께 조직문화는 보육서비스 질을 결정하는 중요한 변수라고 할 수 있다. 보육시설을 대상으로 한 연구에서는 비교할 수 없지만, 강흥구(2001)의 병원을 대상으로 한 연구에서 개발문화가 가장 영향력이 높게 나타났으며, 사회복지시설을 대상으로 한 박영준(2003)의 연구에서는 관계문화와 개발문화의 영향력이 가장 높게 나타났다. 대학을 대상으로 한 강준의(2001)의 연구에서는 관계문화가 대학 조직유효성에 긍정적인 영향을 미치고 있는 것으로 나타났고 오히려 개발문화에 해당하는 혁신지향이나 과업지향 문화는 조직유효성에 긍정적인 영향을 미치지는 못한다고 하여 상반된 결과를 보이고 있다.

이상에서 살펴본 바와 같이 개인 및 시설특성변인은 보육서비스의 질에 영향을 미치지만 시설특성변인에 비해 개인특성변인은 그 영향력이 매우 미약하다. 본 연구에서 보육시설의 조직문화는 보육서비스의 질에 대한 새로운 영향변인으로 증명되었으며 개인 및 시설특성의 영향력보다 훨씬 높았다. 조직문화란 그 조직이 갖고 있는 가치관, 신념, 체계로 그 조직의 인적 구성원이 갖고 있는 특성에 따라 많은 영향을 받게 될 것이다.

2) 보육시설의 조직문화 유형과 보육서비스의 질의 관계

보육시설 조직문화는 경쟁가치모형으로 분석하여 시설 및 개인특성 변인과의 관계를 살펴보았다. 지금까지 유아교육기관에 대한 조직문화 연구는 조직문화 구성요소에 의한 것으로 조직의 특성에 따라 비교하거나 성과를 분석하기에는 적절하지 못하였다. 따라서 본 연구는 관계문화, 개발문화, 위계문화, 합리문화 등 4개의 요인으로 분류한 경쟁가치모형을 사용하여 분석하였다. 연구결과 보육시설의 조직문화는 관계문화가 평균 3.98로 가장 높고, 위계문화(M=3.52)가 가장 낮게 나타났다. 제조업체는 위계문화와 합리문화를 중시하고 첨단산업 조직은 발전문화, 학교조직은 위계문화가 강하게 나타났다(Zummuto & Kratower, 1991). 병원은 관계문화가 가장 높고 합리문화가 가장 낮게 나타났으며(강흥구, 2001), 사회복지 생활시설은 관계문화가 가장 높았다(박영준, 2003). 이처럼 조직의 특성에 따라 조직문화의 유형에 차이가 있는 것을 알 수 있다. 보육시설을 대상으로 한 선행연구가 없기 때문에 상대적 비교는 불가능하지만 본 연구에서 관계문화가 가장 강하게 나타난 것은 보육시설의 직무특성상 가족적인 분위기, 상호배려, 협조, 사람에 대한 관심 등을 강조하게 되고 작은 규모의 조직이 많기 때문에 나타난 결과로 보인다.

보육시설에서 조직문화 유형의 군집(profile)이 어떻게 나타나는지를 알아보기 위해 군집분석(cluster analysis)을 실시한 결과 보육시설의 조직문화는 강한 균형문화, 약한 균형문화, 안정지향문화, 변화지향문화로 나타났다. 위계문화와 합리문화가 강하게 나타나는 변화지향문화가 154개로 가장 많았으며, 네 개의 조직문화 요인이 모두 약하게 나타나는 약한 균형문화가 104개로 가장 적게 나타났다. 조직문화 유형 군집에 따라 교사 및 시설특성의 차이를 살펴본 결과 교사의 연령(F=3.29, p<.001)과 재직기간(F=2.81, p<.05)이 유형 군집에 따라 유의한 차이가 있었다. 즉 강한 균형문화가 약한 균형문화에 비해 교사의 연령이 높았고 재직기간이 긴 것으로 나타났다. 또한 정부지원시설에서는 강한 균형문화가 많이 나타났고, 개인시설에서는 강한 균형문화가 가장 적게 나타났다. 보육서비스 질과의 상관이 매우 높은 근무조건, 교사교육지원, 시설장 관리능력을 교사가 인식한 수준으로 평가하고 이를 조직문화 유형집단별로 차이가 있는지를 일원배치 분석을 통해 알아보았다. 그 결과 강한 균형문화에서 근무조건, 교육

지원, 시설장 관리능력 등을 더 높은 수준으로 인식하였다. 앞의 결과에서 근무조건, 교육지원, 시설장 관리능력은 보육서비스 질과 매우 높은 상관이 있는 변인으로, 밝혀진 바에 의하면 강한 균형문화가 보육서비스 질이 높은 배경을 지지해 준다.

구체적으로 조직문화 유형 군집에 따라 보육서비스 질이 차이가 있는가를 알아보기 위해 일원배치분산분석을 실시한 결과 강한 균형문화가 평균 4.12로 가장 높게 나타났으며, 다음이 안정지향문화($M=3.76$)이고, 약한 균형문화가 평균 3.22로 가장 낮았다. 보육서비스 질의 하위요인인 교육서비스, 보건서비스, 복지서비스의 질에서도 마찬가지로 강한 균형문화가 질적 수준이 가장 높고 다음이 안정지향문화, 변화지향문화이고, 약한 균형문화가 가장 낮게 나타났다. 즉 조직문화가 균형 있게 점수가 높을 때 보육서비스의 질이 높고, 안정지향이거나 변화지향인 것에는 큰 차이가 없는 것으로 보아, 어느 특정한 요인이 강하게 나타나는 것보다는 네 가지 조직문화 요인이 모두 균형 있게 나타날 때 보육서비스의 질도 높다고 할 수 있다. 이는 구청을 대상으로 한 김호정(2002)의 연구에서도 강한 균형문화에서 조직몰입과 직무만족이 높게 나타난 것과 일치한다.

3) 교사 및 시설 관련 변인과 보육서비스 질의 관계에서 조직문화의 매개효과

개인 및 시설특성변인은 보육서비스의 질에 영향을 미치지만 시설특성변인에 비해 개인특성변인은 그 영향력이 매우 미약하다. 본 연구에서 교사를 대상으로 분석한 결과에 의하면 교사의 학력을 제외하고는 개인배경변인은 보육서비스 질에 유의한 영향을 미치지 않는 것으로 나타났다. 오히려 시설 관련 변인이 보육서비스 질에 영향력이 큰 것으로 나타났으며, 그중에서 시설장 관리능력이 가장 영향력이 큰 것으로 나타났다. 보육시설의 조직문화는 보육서비스의 질에 대한 새로운 영향변인으로 증명되었으며, 개인 및 시설특성의 영향력보다 훨씬 높았다. 조직문화란 그 조직이 갖고 있는 가치관, 신념, 체계로 그 조직의 인적 구성원이 갖고 있는 특성에 따라 많은 영향을 받게 될 것이다.

조직문화가 교사 개인 및 시설 관련 변인의 보육서비스 질에 대한 영향력을 매개하는지를 분석하기 위해 Preacher와 Leonardelli가 제안한 방법을 사용하여 검증하였다. 개인배경 및 시설 관련 변인과 보육서비스 질 간의 관계에서 조직문화는 일부 매개역할을 수행함을 알 수 있었다.

시설 유형은 직접효과와 간접효과가 모두 나타나지만 개인특성변인의 영향력은 직접효과보다는 조직문화의 매개역할로 인한 간접효과가 더 크다고 할 수 있다. 특히 개발문화와 합리문화가 보육서비스 질에 대한 매개역할을 충분히 하는 것으로 나타났으며, 개발문화는 시설 유형($z=3.62$, $p<.001$), 시설규모($z=2.71$, $<p.01$), 교사연령($z=3.58$, $p<.001$), 교사의 경력($z=17.9$, $p<.001$)을 매개하며, 합리문화는 시설 유형($z=3.37$, $p<.001$), 시설규모($z=3.99$, $p<.001$), 교사연령($z=4.32$, $p<.001$), 학력($z=3.38$, $p<.001$), 경력($z=4.73$, $p<.001$), 재직기간($z=1.98$, $p<.05$)을 모두 매개하는 것으로 나타나 합리문화가 보육서비스의 질에 대한 매개효과가 가장 높은 것으로 나타났다. 특히 합리문화는 연령, 학력, 경력, 재직기간이 보육서비스 질을 높이는 데 충분히 영향을 미칠 수 있도록 그 역할을 한다고 할 수 있다.

합리문화는 체계적이고 능률적인 조직관리를 강조하는 것으로, 목표, 계획, 업무 관리와 같은 특성이 비교적 강하게 나타난다(Quinn, 1988). 어떤 문제가 발생하면 토론과 합의를 통해 해결하고 리더의 지시와 방침에 의해 일정한 구조와 목표지향을 하게 되므로(Kimberly & Quinn, 1984) 보육시설의 리더인 시설장의 합리적 능력 및 가치관과 밀접한 상관이 있다. 보육시설에서 이러한 문화적 성격은 매우 소홀히 다루어져 왔으나, 보육시설의 인적 물적 특성이 최대한 성과를 이루도록 하기 위해서는 보육시설에서 합리문화를 강화하여야 한다. 또한 앞으로 평가인증제가 실시되면 보육서비스의 질적 수준은 계량화, 가시화되어서 평가된다. 과거의 보육시설은 그 안에서 생활하는 유아들이 즐겁고 편안하고 안전하면 된다는 주관적인 판단기준에서 이제는 보다 체계적이고 목표지향적인 사고와 가치로의 전환이 필요하다고 하겠다.

본 연구에서 보육서비스 질에 대한 영향요인으로서 조직문화라는 새로운 변인을 모색하였으며, 지금까지 보육서비스 질에 대한 중요한 변인으로 인식되어 왔던 교사 개인배경변인은 보육서비스 질에 대해 직접적인 효과보다는 그 시설에 형성되어 있는 조직문화에 의해 간접적으로 그 영향력을 작용하며 특히 합리문화, 개발문화의 보육서비스 질에 대한 매개역할을 함으로써 교사의 개인배경변인과 시설 관련 변인이 보육서비스 질에 그 영향을 미치도록 돕는다는 것을 알 수 있었다.

본 연구에서 다음과 같은 결과를 확인하였다.

첫째, 보육시설의 조직문화가 보육서비스 질에 매우 설명력 높은 변인임이 밝혀졌다. 본 연구에서 조직문화를 경쟁가치모형으로 분석하여 보육서비스 질에 대한 영향력을 분석한 결과 관계문화를 제외하고 합리문화, 위계문화, 개발문화 요인이 영향을 미치는 변인으로 밝혀졌다. 지금까지 유아교육기관에 대한 조직문화 연구는 조직문화 구성요소에 의한 것으로 조직의 특성에 따라 비교하거나 성과를 분석하기에는 적절하지 못했다. 따라서 본 연구는 관계문화, 개발문화, 위계문화, 합리문화 등 4개의 요인으로 분류한 경쟁가치모형을 사용하여 분석함으로써 보육서비스 질과의 관계를 명확하게 밝힐 수 있었다는 데 의의가 있다.

둘째, 보육서비스의 질을 향상시키기 위해서는 강한 균형의 조직문화 형성을 위해 노력해야 하며 특히 보육시설에서 간과되고 있는 합리문화 측면이 강화되어야 한다. 본 연구에서 보육시설의 조직문화 유형 군집을 분석하였으며, 그 결과 강한 균형문화, 약한 균형문화, 안정지향문화, 변화지향문화로 나타났으며, 이들 보육시설 조직문화 유형에 따라 보육서비스 질에 차이가 있었다. 즉 강한 균형문화에서 교육서비스, 보건서비스, 복지서비스를 비롯하여 전체 서비스의 점수가 유의하게 높았고 약한 균형문화에서 낮게 나타났다.

셋째, 보육서비스 질에 대한 직접효과가 약한 개인배경 및 시설특성변인에 대해 조직문화가 매개역할을 하고 있음을 규명하였다. 특히 개인배경변인은 학력이 외에는 보육서비스 질에 대해 직접효과가 나타나지 않았으나, 조직문화의 매개역할로 인한 간접효과는 연령, 경력, 재직기간 등에서 모두 나타났다. 이는 보다 효과적인 운영관리 전략 측면에서 조직문화 요인들을 강화시킬 필요가 있다는 것이며, 특히 보육시설에서 소홀히 다루어지고 있는 합리문화에 대한 관심과 형성을 위한 노력이 필요하다.

조직문화는 그 조직의 지도자에 의해 많은 영향을 받기 때문에 결국 보육시설 시설장이 조직의 핵심가치가 합리문화 특성을 나타낼 수 있도록 시설장의 역량강화가 필요하다.

2. 결론 및 제언

본 연구 결과 개인배경 및 시설 관련 변인 중 근무조건 시설 유형, 시설규모, 교사연령 등이 보육서비스의 질에 영향력이 높은 변인임이 밝혀졌다. 또한 보육시설의 조직문화는 보육서비스 질에 유의한 영향을 미치는 매우 중요한 변인이라는 점과, 개인 및 시설특성의 보육서비스 질에 대한 효과를 조직문화가 잘 매개하는 것으로 밝혀졌다. 조직문화가 보육의 성과에 해당하는 보육서비스의 질에 직접효과와 매개효과를 미친다는 본 연구의 결과는 다음과 같은 측면에서 의의가 있다.

지금까지 기업이나 학교와 같은 큰 조직에서 효과성이나 성과와 관련된 요인으로 분석되었던 조직문화가 보육시설 성과에 해당하는 보육서비스의 질에 중요한 변인임이 밝혀짐으로써 보육서비스의 질 향상을 위한 발전적인 방향을 제시하였다. 또한 보육시설 조직문화 형성에 핵심적 역할을 하게 되는 시설장의 역할과 역량의 중요성을 시사하였다는 데에 의의가 있다.

보육시설의 조직문화와 보육서비스 질에 관한 본 연구는 앞으로 보육서비스 질의 향상을 위한 연구에 새로운 문제를 제기하였다고 볼 수 있으며, 이에 대해 보다 철저한 연구가 필요하다. 이 연구에서 합리문화는 시설특성변인과 개인특성변인의 보육서비스 질에 대한 효과를 잘 매개하는 것으로 나타났다. 교사의 학력과 경력, 연령 등이 보다 효과적으로 양질의 보육서비스를 위해 작용하기 위해서는 합리문화를 높여야 하며, 이를 위한 보다 구체적인 지도의 필요성이 제기된다. 지금까지 보육시설에서는 체계적이고 효율적인 업무처리나 성과를 위한 노력은 소홀히 다루어져 왔고 가족 같은 분위기, 편안함, 동료애, 친목 등의 관계문화가 중요한 문화로 인식되어 왔었다. 그러나 보육서비스의 질적 향상을 위해서는 조직문화를 균형 있게 강화시킬 필요가 있으며, 그중 특히 보육시설에서 약한 합리문화와 개발문화를 강화하기 위한 운영관리 프로그램을 개발할 필요가 있다.

본 연구결과를 토대로 보육서비스 질 향상을 위한 실제적인 측면에서 몇 가지 제안을 하고자 한다.

첫째, 민간보육시설에 대한 재정적 지원과 관리 체계가 필요하다.
본 연구는 물론이고 여러 선행연구에서 시설 유형에 따라 보육서비스의 질에 차이가 있다고 밝히고 있다. 국·공립과 법인단체 시설이 민간개인보다 보육서비스 질이 일관성 있게 높게 나타난 점을 유의하여야 한다. 국·공립, 법인단체 시설과 민간개인 시설의 가장 뚜렷한 차이는 재정지원 및 관리체계에 있다. 우리나라의 전체 보육시설 중 민간개인 및 가정보육시설이 85.0%(여성가족부, 2005)를 차지하고 있기 때문에 개인 및 가정보육시설의 질적 향상은 국가 전체의 질적 향상을 도모하는 일이다. 따라서 민간 및 가정보육시설에 대한 효율적인 재정지원 및 관리체계의 개발이 필요하다.

둘째, 적절한 시설규모에 대한 모형개발이 필요하다.

시설규모란 단순히 유아가 많고 적음, 종사자가 많고 적음을 의미하는 것이 아니라, 교육적, 경제적, 행정적인 측면에서 여러 요소를 내포하고 있다. 영·유아에게 적합한 교육적 환경으로서의 의미와 함께 경제적 순환의 적절성, 조직관리의 효율성 측면에서 보육시설의 적절한 규모에 대한 연구가 필요하다. 본 연구에서 교직원 수를 기준으로 시설규모를 판단하였을 때 일정 수 이상의 교직원이 있을 때 보육서비스의 질이 높고, 특히 복지서비스의 질이 더 높은 것으로 나타났다. 교직원 수가 너무 적으면 가족적이고 상호 동료애는 높아지지만 능률이나 효율, 도전과 같은 발전적인 과업을 추진하기는 어려움이 있음을 알 수 있었다. 선행연구에서 교사 대 아동 수, 전체 아동집단의 크기에 따른 연구는 이루어졌으나 교직원수(시설규모)에 따른 보육의 질을 살펴보지는 않았다. 시설규모(교직원수)는 보육의 질에 따라서 영·유아에게는 가정과 같은 안정적인 요소를 주면서 효율적이고 발전적인 운영체계를 실행할 수 있는 시설규모에 대한 연구가 이루어져야 할 것이다.

셋째, 시설장 자격기준 강화와 처우개선이 이루어져야 한다.

지금까지 보육의 질적 향상을 위한 변인으로 교사의 학력, 경력, 재교육 등의 요소에 관심을 집중해 왔다. 하지만 본 연구의 결과 교사의 개인적 변인들은 보육시설이라는 조직 안에서 시설장의 운영방침에 따라 형성되는 조직문화의 영향을 받아 보육의 질에 그 효과를 미치게 된다는 것을 알게 되었다. 따라서 조직문화 형성에 핵심적인 역할을 하는 시설장의 자질 및 능력은 보육의 질에 매우 중요한 요소이다. 자격기준을 강화하여 시설장의 전문적 수준을 향상시켜야 하며, 그렇게 하기 위해서는 적절한 처우개선이 병행되어야 한다.

넷째, 시설장을 대상으로 한 경영전문 직무교육 프로그램이 개발되어야 한다.

지금까지 보육시설은 체계적이고 전문적인 운영관리 능력보다는 영유아를 위한 교수능력만을 더 강조해왔다. 또한 가족 같은 분위기, 동료애, 친목 등의 관계문화가 중요한 문화로 인식되어 왔었다. 그러나 본 연구결과에서 나타났듯이 보육서비스 질을 높이기 위해서는 강한 균형문화를 조성하고, 특히 교사 및 시설특성변인을 효과적으로 작용하도록 하는 합리문화와 개발문화를 강화해야 한다. 여기에 가장 크게 작용하는 것은 시설장의 인식과 능력이다. 따라서 시설장의 역량을 강화할 수 있는 리더십 프로그램이나 체계적 운영관리, 민주적 의사소통 기법, 조직관리 등 시설장을 위한 직무교육 프로그램이 개발되어야 한다.

참고문헌

강숙현(1987). 유아교육프로그램 인준평가 기준의 적용에 관한 연구. 이화여 자대학교 대학원 석사학위논문.

강숙현(1994). 유아교육프로그램 평가척도 이해와 활용, 서울: 동문사.

강준의(2000). 학교조직문화의 분석. 원광대학교 논총.

강준의(2001). 대학조직문화가 조직유효성에 미치는 영향, 대전대학교 대학원 박사학위논문.

강홍구(2001). 조직문화가 의료사회사업서비스의 질에 미치는 영향에 관한 연구. 연세대학교 대학원 박사학위논문.

구은미(2004). 보육프로그램의 질에 영향을 미치는 교사 관련 변인 분석. 숙 명여자대학교 대학원 박사학위논문.

권혜진, 이순영(2001). 보육시설 집단크기에 따른 영아의 또래 및 교사와의상 호작용, 아동학회지 22(4), 202-212.

김 인(2003). 보육서비스 공급 및 관리 체계와 성과. 지방정부연구 7(1)25-53.

김경이(1996). 대학생이 인식하는 대학조직문화와 조직효과성에 관한 연구. 연세대학교 대학원 석사학위논문.

김경화(2001). 유아교육기관의 유형별 운영관리 수준 분석, 연세대학교 대학 원 박사학위논문.

김동춘(1999). 교사가 지각한 유아교육기관의 조직문화와 조직효과성과의 관계연구. 서울여자대학교대학원 박사학위논문.

김두성(1993). 학교조직문화와 조직효과성간의 관계에 관한 연구. 전북대학교 교육대학원 석사학위논문.

김숙령(1998). 종일제 유아교육기관 질적 수준과 유아가 지각하는 사회적 지지도와의 관계. 한국영유아보육학, 16(1998. 12), 153-171.

김연식(1995). 학교조직문화와 학생생활적응의 관계에 관한 연구. 원광대학교 대학원 석사학위논문.

김영신(1996). 유아교육기관의 질에 따른 유아의 문해 행동. 이화여자대학교 대학원 석사학위논문.

김영아(1999). 유아교육 프로그램의 질적 수준에 대한 교사의 자기 평가. 이화여자대학교 대학원 석사학위논문.

김재환(2003). 유아교육기관의 교직문화 진단연구. 숙명여자대학교 대학원 박사학위논문.

김주형(1994). 유아교육기관의 질적 수준에 대한 교사의 인식 연구: 유치원 교사의 자기평가를 중심으로. 한국교원대학교 대학원 석사학위논문.

김준기(1991). 학교조직문화 진단에 관한 연구. 전북대학교 대학원 박사학위논문.

김창걸(1995). 학교조직문화와 조직 효과성과의 관계 연구. 인문과학연구소 논문집, 22(1995. 1), 555-601.

김창걸(2003). 교육조직행위론. 형설출판사.

김호정(2002). 행정조직문화가 조직몰입과 직무만족에 미치는 영향. 한국행정학보 36(4), 87-105.

나 정(2003). 영·유아 교육과 보육 발전 방안. 인적자원개발 정책연구 2003-1, 교육인적자원부.

문경선(1997). 가정환경과 유아교육기관의 질이 유아의 사회적 능력에 미치는 영향. 한국교원대학교 대학원 석사학위논문.

민승기 · 고종식.(1994). 기업문화의 특성에 따른 조직성과에 관한 연구. 인사관리 연구, 18, 65-90.

박노윤(1991). 조직문화 유형과 관련변수의 관계에 관한 연구. 고려대학교 대학원 박사학위논문.

박영준(2003). 생활시설의 조직문화와 사회복지사의 능력강화가 조직유효성에 미치는 영향. 대구대학교 대학원 박사학위논문.

박현정(1992). 가정환경과 유아교육기관의 질이 유아의 발달에 미치는 효과. 이화여자대학교 대학원 석사학위논문.

박화윤(1992). 유아교육기관의 질적 환경과 유아의 놀이 형태와의 관계. 이화여자대학교 대학원 박사학위논문.

백현기(1981). 교육행정의 기초, 배영사.

보건복지부(2000). 보육사업지침. 서울: 보건복지부.

보건복지부 · 한국보육교사회(2002). 보육교사 근무환경 실태조사를 통한 보육의 질 향상방안 연구보고서.

서문희, 임유경, 박애리(2002). 2002년도 전국 보육실태조사 보고. 보건복지부 · 한국보건사회연구원.

서인덕(1986). 한국기업의 조직문화 유형과 조직특성간의 관련성 연구. 서울대학교 대학원 박사학위논문.

송창호(2002). 보육교사가 인지하는 어린이집 원장의 인재개발 능력과 보육교사 직무만족감. 고려대학교 교육대학원 석사학위논문.

신건숙(2000). 교사가 지각한 유아교육기관의 조직문화. 전남대학교 교육대학원 석사학위논문.

신철우(1987). 기업문화가 조직유효성에 미치는 영향에 관한 연구. 중앙대학교 대학원 박사학위논문.

신혜원(1992). 보육시설의 질적 수준에 따른 아동의 놀이실 행동. 연세대학교 대학원 석사학위논문.

심성경(1989). NAEYC기준에 의한 한국 유아교육 프로그램의 질에 관한 분석. 이화여자대학교 대학원 박사학위논문.

안라리(1995). 유아교육기관의 질에 따른 유아의 스트레스 행동, 이화여자대학교 대학원 석사학위논문.

양연숙(1995). 탁아기관의 질, 탁아경험 및 가족특성과 아동의 사회성 발달과의 관계 연구. 경희대학교 대학원 석사학위논문.

양옥승(2000). 유아기의 효율적인 국가인적자원 개발·관리 체계 확립방안 연구. 교육인적자원부.

양옥승(2002). 유아교육기관 종합평가인정제 모형개발, 창지사.

양옥승 외(1999). 영·유아보육개론. 서울: 학지사.

여성부(2004). 보육통계.

오미경(1998). 어린이집 보육교사의 전문성과 보육프로그램의 질과의 관계연구. 가톨릭대학교 사회복지대학원 석사학위논문.

오종두(1994). 학교조직문화와 교사집단의 응집성과의 관계, 원광대학교 교육대학원 석사학위논문.

원희정(1991). 유아교육기관의 질이 유아의 어휘발달에 미치는 효과. 이화여자대학교 대학원 석사학위논문.

위수경(1999). 유아교육기관의 질적 환경에 따른 어머니-교사 의사소통. 이화여자대학교 대학원 석사학위논문.

유아교육사전(1996). 유아교육학회 편, 한국사전연구사.

유태용(1997). 조직의 성격유형을 측정하기 위한 척도개발 연구. 한국학술진흥재단.

유희정(1997). 어린이집의 설립 유형에 따른 질적 수준 분석. 이화여자대학교 대학원 박사학위논문.

이경선(2000). 보육의 질에 영향을 주는 관련 변인 연구. 성균관대학교 대학원 박사학위논문.

이경선·이영석(2001). 어린이집 교사의 특성과 보육의 질과의 관계 연구, 아동학회지 22권 4호 p.189-199.

이숙·오선영(1998). 보육시설의 질에 따른 유아의 사회적 능력. 대한가정학회지, 36(4), p.189-198.

이순자(2001). 초등학교 병설유치원 교직문화의 특질. 중앙대학교 대학원 박사학위논문.

이영미(1994). 학교조직문화와 학업성취도와의 관계에 관한 연구. 원광대학교 교육대학원 석사학위논문.

이재일(1992). 학교조직문화와 교사 사기와의 관계에 관한 연구. 원광대학교 교육대학원 석사학위논문.

이중석·김숙자(1987). 활동 및 집단화 유형과 유아교육 질과의 상관연구. 교육학연구, 25(2), 139-156.

이학종(1989). 기업문화론－이론·기법·사례 연구. 서울: 법문사.

이　향(1996). 보육시설의 보육교사 전문성 인식과 영아반 프로그램 질에 관한 연구. 건국대학교 교육대학원 석사학위논문.

이혜경(1991). 탁아정책 step과 재정제도의 선택, 우리 아이들의 육아현실과 미래, 한울.

임재택(1983). 유아교육환경 평정척도의 표준화를 위한 예비연구. 교육논집, 10, 부산대학교 사범대학.

전명식(1999). 학교조직문화와 학교 조직 효과성의 관계연구. 단국대학교 대학원 박사학위논문.

조남두(1992). 학교 조직의 환경, 문화, 효과성 간의 관계 연구. 고려대학교 대학원 박사학위논문.

조부경, 고영미, 박근희(2003). 유치원 교사의 직무만족도에 영향을 미치는 자아개념 요인에 관한 연구. 아동학회지. 24(6), 81-94.

조선영(1992). 가정보육의 질적 특성에 관현 연구. 연세대학교 대학원 석사학위논문.

조인숙(1995). 취업모가 지각한 탁아기관의 질이 취업모의 양육행동에 미치는 영향. 한양대학교 교육대학원 석사학위논문.

조인숙(1997). 영아보육의 질적 수준과 교사관련 변인, 보육시설 운영실태 및 영유아보육프로그램 평가. 한국보육정보연구소.

최경애(2002). 영아 보육시설 평가기준의 개발 및 타당화 연구. 덕성여자대학교 대학원 박사학위논문.

최경인(2000). 유치원의 질에 따른 어머니의 인식과 만족도 비교. 연세대학교 교육대학원 석사학위논문.

최기만(1990). 학교조직문화와 조직효과성과의 관계연구. 충남대학교 교육대학원 석사학위논문.

최영우(1996). 교사의 인간관계와 학교조직문화에 관한 연구. 원광대학교 교육대학원 석사학위논문.

한국보건사회연구원(1995). 보육시설 평가기준 및 평가체계 개발. 서울: 보건사회연구원.

한미라(1995). 가정보육시설의 질적 수준과 유아행동과의 관계에 대한 연구. 이화여자대학교 대학원 박사학위논문.

홍근민(1996). 영아교육환경의 질적 수준에 따른 교사-영아 상호작용에 대한 연구. 이화여자대학교 대학원 석사학위논문.

金全利子(2002). 영·유아 교육기관의 인정제-한국, 일본, 미국, 영국, 호주. 이화여대 유아교육과 BK21, 삼성복지재단.

Akin & Hopelain(1986). Finding the culture of productivity, *Organizational Dynamics, 7(2)*, 19-32.

Alisa s. Ghazvini(1997). Predictors of high quality toddler care and children's prosocial attributes. The Florida state University College of Human sciences.

Arnett, J.(1989). Caregivers in child care centers: Does training matter? *Journal of Applied Developmental Psychology.* 10. 541-552.

Arnett, J. D.(1986). Caregivers in day care centers: Does training matter? Unpublished doctoral dissertation, University of Virginia, Charlottes-ville, VA.

Berk. L.(1985). Relationship of educational attatinment, child-oriented attitudes, job satisfaction, and career commitment to caregiver behavior toward children. *Child Care Quarterly, 14,* 103-129.

Bredekamp, S. & Rosegrant, T.(1992). *Reaching potential. appropriate curriculum and assessment for young children.* Washington, D. C.: National Association for the Education of Young Children.

Bridges, W.(1992). *The Character of organizations.* Palo Alto, CA. Consulting Psychologists Press, Inc.

Bushouse, K.(1999). The Missing Link: Collictive-Choice Policy making in Nonprofit, For-Profit, and Public Child Care Centers, Presented at the Workshop on the Workshop, June 10-12, Indiana University, Bloomington, Indiana.

C. G Misked, Tevurly & J. Stewart(1996). *Educational Administration: Theory, Research and Practice,* 5th(New York: Random House, 1996).

Cain, C.(1992). Differences between a large high school and a small high school as perceived by students, teachers, administrators, and guidance counselors: A qualitative study.(Doctoral dissertation. University of Pennsylvania, 1992). *Dissertation Abstracts International,*

53-05A, p.13-31.

Caldwell, B.(1985). What is quality child care? In b. Caldwell & A. Hillard, *What is quality child care?*(p.1-16). Washington, DC: National Association for the Education of Young Children.

Cameron, K. S. & Quinn, R. E(1999). *Diagnosing and Changing Organiza-tional Culture.* New York: Addison Wesley Inc.

Child Care, Inc.(1996, September 27). *A Child care expenditure proposal, Part I, Child care reinvestment funding.* New York: Author.

Choen, N., & Pompa, D.(1994). *Multicultural perspectives on quality in early care and education: Culturally-specific practices and universal ourcomes.* New Haven, CT: Quality 2000.

Clarke-Stewart, K. A., & Gruber, C.(1984). Daycare forms and features. In R. G Ainslie(Ed.), *Quality variations in daycare*(p35-62). New York: Praeger.

Cost, Quality, and Child Outcomes Study Team.(1995). Cost, quality, and child outcomes in child care centers: Public report. Denver: University of Colorado.

Cunningham, W. G., & Gresso, D. W.(1993). *Cultural leadership:* The culture of excellence in education. Boston: Allyn and Bacon.

Dabra Sue Thompson(1992). The relationship between the amount of training and education of teachers of three to five-year-old children and attitudes and quality of the child care environment. University of Illinois.

Deal, T. E. & Kennedy. A. A.(1982). *Corporate culture, the rites and rituals of corporate life,* reading, Mass: Addison Wesley Publishing co.

Denison, D. R. & Spreitzer, G. M.(1991). Organizational culture and organizational development: A competing values approach, *Research in Organizational Change and Development.* 5, 1-21.

Denison, D. R.(1984). Bring corporate culture to the bottom line, *Organizational Dynamics.* 5-8.

Doborah A. Phillips & Carollee Howes(1987). Indicators of Quality in Child Care: Review of Research, *Research monographs of national association for the education of young children, 1, 1-19.*

Dune, L.(1993). Proximal and distal features of daycare quality and children's development, *Early Childhood Research Quarterly, 8.*

Field, T(1980). Preschool play: Effects of teacher: child ratio and organization of classroom space. *Child Study Journal, 10,* 191-205.

Fience, R(1992). Measuring child care quality. Paper presented at the International Conference on Child Day Care Health: Science, Prevention and Practice, June, 1992. Atlanta, Georgia. USA.

File, N., & Konotos, S.(1993). The relationship of program quality to children's play in integrated early intervention settings. *Topics in Early Childhood Special Education, 13(1),* p.1-18.

Friesen, V. A. L(1995). The Study of Indicatiors of Quality Care for Young Children in Day Care. The University of Calgary.

Gentry. H. W., & Kenney, J. B.(1967). The relationship between the organizational climate of elementary schools and school location, school size, and the economic level of the school community. *Urban Education,* 3(1). 19-31.

Greenfield, T. B(1978). Reflections on Organization Theory and Truths of Irreconcilable Realities. *Educational Administration Quarterly,* 24(2), 1-23.

Griffiths, D. E(1983). Evolution in research and theory: A study of prominent reachers. *Educational Adminstration Quarterly*, 19(3), 201-221.

Harms, T. & Clifford, R. M.(1980). *Early Childhood Environment Rating Scale.* New York: Teachers College Press.

Hatch, M. J.,(1993). The Dynamics of Organizational Culture, Academy of Management Review, Vol.18, 657-658.

Hofstede, Greert(1980). Gulture's consequence: In international dif- erences in work related values. Beverly Hills, Ca: Sage Pub- lications.

Howes C., Philips, D. A., & Whitebook, M.(1992). Thresholds of quality implication for the social development of children in center-based child care. *Child Development, 63,* 449-460.

Howes, C.(1983). Caregiver behavior in center and family day care. *Journal of Applied Developmental Psychology,* 4, 99-107.

Howes, C., & Olenick, M.(1986). Family and child care influences on toddler's compliance, *Child Development,* 57, 202-216.

Howes, C., & Rubenstein, J.(1985). Determinants of toddler's experi- ence in daycare: Age of entry and quality of setting. *Child Care Quarterly,* 14, 140-151.

Jared Cutler(2001). A comparison of the relative impact of structural and dynamic child care quality on child outcomes. Utah State University.

Johnston J. Howard.(1987). Values, culture, and the effective school. NASSP Bulletin 71: 79-88.

Jones, G. R.(1983). Transaction costs. Property Rights and Organiz- ational Culture: A Exchange Perspectice, *Administrative Science Quarterly, 28(September),* 454.

Jone Waters(1960). *Group Guidance* New York: McGraw-Hill Book Co., p.17.

Kast, F. E. & Rosenzweig, J. E.(1985). *Organization and management.* N.Y.:

Mcgraw-Hill.

Kilmann, R. H.(1984). *Beyond the Quick Fix*, San Francisco: Jossey Bass.

Kilmann, R. H.(1988). "Five steps for closing culture-gaps" In R. H.

Kimberly, J. P., & Quinn, R. E.(1984). *Managing organizational transitions.* Irwin.

Lee, S. R & Michael, R. F(1996). Exploring The Basis for Parental Choice in the Public Education: Assissing School Performance in Tennessee, *Policy Studies Journal, 24(4)*, 595-606.

Lincoln, J.,(1981). Organization Structure and Strategies of Control, A Replication of the Aston Studies, *Adiministrative Science Quarterly, 26.*

McLain Ed(2000). A comparative study of organizational culture reported by staff in rural alaskan schools. University of Wyoming

Mintzberg, Henry.(1983). *Images organization.* Beverly Hills, CA:Sage.

National Childcare Accreditation Council(2001). *Quality Improvement and Accreditation System Source Book.*

Nicholson, J. H.,(1980). An Analysis of Communication Satisfaction in an Urban School System, Ph. D. diss., george Peabody College for Teachers Vanderbilt University.

Ostrom, Vincent(1973). *Intellectual Crisis in American Public Administration,* University, AL: University of Alabama Press.

Patricia B. Bellamy(2000). Evaluating the quality of new york city family daycare: an early childhood program in the new millennium. Degree of Doctor of Education in Teachers College, Columbia University.

Pence, A. R., & Goeman, H.(1987). Who cares for the child in day care? An examination of caregivers from three types of care. *Early Childhood Research Quarterly, 2.* 315-334.

Peters, Thomas J. and Robert H. Waterman.(1982). *Insearch of excellence: Lessons from America's best-run companies.* New York: Harper and Row.

Pettigrew, A. M.(1979). In Studying Organizational Culture, *Adminstrative Science Quarterly, 24(12).* 574.

Phillips, D. A(1987). *Quality in child care: What does research tell us?* Washington, DC: National Association for the Education of Young Children.

Phillips, D. A, Voran, M, Kisker, E., Howes, C. & Whitebook, M.(1994). Child care for children in poverty: Opportunity or inequity? *Child Development. 65,* 472-492.

Phillips, D. A. & Howes, C(1987). Indicators of quality in child care: Review of research. In D. A Phillips(Ed), *Quality in child care: What does research tell us?*(p.1-20). Washington, D.C: National Association for the Education of Young Children.

Phillips, D. A., Scarr, S., & McCartney, K.(1997). Dimensions and effects of child care quality: The Bermuda study, In D. A. Phillips(Ed.), *Quality in child care: What does research tell us?.* Washington, DC: National Association for the Education of Young Children.

Podmore Valerie N. & Meade, Anne(2000). *Aspects of Quality in Early Childhood Education.* Literature Review Series.

Quin, R. E. & McGrath, M. R.(1985). The transformation of organizational cultures: A competing values perspectives, In P. Frost, et al.(Eds.), *Organizational culture.* Beverly Hills, Cal: sage.

Quinn, R. E(1988). *Beyond Rational Management: Mastering the Paradoxes and Competing Demands of High Performance,* San Francisco, CA:

Jossey-Bass.

Quinn, R. E. & Kimberly, J. R(1984). Paradox, Planning, and perseverance: Guidelines for managerial practice. Kimberly, J. R. & Quinn, R. E.(eds). *Managing Organizational Transitions,* 295-313.

Quinn, R. E., & Rohrbaugh(1983). A Spatial Model of Effectiveness Criteria: Toward a Competing Values Approach to Organizational Analysis, *Management Science, 29(3),* 363-377.

Robbins. S. P.(1991). *Organizational behavior: Concepts, controversies, and Applications,* 5th ed.(Englewood Clliffs, N.J.: Pretice-Hall, p.572.

Rosenthal, M. K.(1990). Social policy and its effects on the daily experiences of infants and toddlers in family day care in Israel. *Journal of Applied Developmental Psychology. 11.* 85-104. Ruopp, R., Travers, J., Glantz, E, & Coelen, C.(1979). Children at the center: Final results of the National Day Care Study. Cambridge, MA: Abt Associates.

Schein, E. H.(1985). *Organizational Culture and Leadership.* California. San Francisco: Jossey-Bass Inc.

Schwartz, Howard, and Stanley M. Davis.(1981). Matching corporate culture and business strategy. *Organizational Dynamics (summer),* 30-48.

Shaw, J. J., & Reyes, P.(1990). Comparison of High School and Elementary School Culture, 10-19.

Sheridan, Sonja(2000). A Comparison of External and Self Evaluations of Quality in Early Childhood Education. *Early Child Development and Care, 164,* 63-78.

Smart, J. C & St. J, Edward(1996). Organizational Culture and Effectiveness in Higher Education : A Test of the 'Culture Type' and

'Strong Culture' Hypotheses. *Educational Evaluational and Policy Analysis, 18(3)*: 219-241.

Smircich, L.(1983). "Concept of cultural & organizational analysis", *Administrative Science Quarterly, 28(3)*, 344-345.

Steinhoff, C. R., & Owens, R. G.(1976). Problems related to tech- niques for assessing organization development and determining intervention style. *Journal of Educational Administration, 14(2)*, 176-186.

Stith, S. M., & Davis, A. J.(1984). Employed mothers and family day care: *A comparative analysis of infant care. Child Development, 55, 1340-1348.*

Susan Virginia Steaffens(2002). A descriptive study of the organizational culture and structure of accelerated schools. University of Nevada, Lasvegas.

Tompson, D. S.(1992). *The relationship between the amount of training and education of teachers of three to five-year-old children and attitudes and quality of the child care environment(teacher education, three year old)* Unpublished doctoral dissertation, University of Illinois at Urbana-Champaign. Vandell, D. L., & Powers, C. P.(1983). Day care quality and children's free play activities. *American Journal of Orthopsychiatry, 53*, 493-500.

W. K. Hoy & C. G. Miskel(1996). *Educational Administration: Theory, Research and Practice 5rd*(New York: Random House, 1996).

Westoby, A.,(1988). Culture and Power in Educational Organizations, Open University Press, Milton Keynes, Philadelphia.

Whitebook, M.(1995). Cost, Quality, and Child Outcomes in Child Care Centers: Key Findings and Recommendations. *Young Children.* May, 1995.

Whitebook, M., Howes, C., & Phillips, D.(1989). *Who cares? Child care teachers and the quality of care in America. Executive summary of the National Child Care Staffing Study.* Oakland, CA: Child Care Employee Project.

Willower, Donald J.(1984). School principal, school cultures, and school improvement, *Educational Horizons 63,* 35-38

Yee. S. M(1990). *Cares in the classroom: When teaching is more than a job.* New York: Teachers College Press.

Zummuto, R. F. & Krakower, J. Y(1991). Quantitative and Qualitative Studies of Organizational Culture. *Research in Organizaional Change and Development. 5,* 83-114.

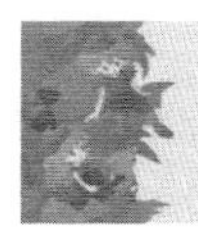

부　록

[부록 1]
보육시설 조직문화 강도 높이기

　어린이집은 하루 종일 영유아들과 생활하기 때문에 편안하고 가족적인 분위기가 강조되는 반면, 직장인으로서의 비전이나 목표, 결속, 체계 등은 소홀히 다루어지고 있다. 그래서 동료교사 간, 교사와 시설장 간에 작은 일로 심각한 갈등을 야기하고 자신의 일에 몰입하거나 만족을 찾지 못한다. 연구에서 밝혀졌듯이 보육시설의 질을 높이기 위해서는 보육시설의 합리문화와 개발문화의 강도를 높임으로써 균형 있는 조직문화를 형성하여야 한다. 합리문화란 체계적이고 능률적인 것이 강조하면서 목표를 세우고 이를 이루기 위한 노력이 강하게 강조된다. 개발문화는 창의적이고 새로운 것을 만들어 내는 것을 요구하고 적극적이고 협력적인 능력을 요구한다. 보육시설은 조직이 작고 관계지향적이기 때문에 안정적인 것을 추구하고 발전적이고 창의적인 제안이나 변화를 두려워하는 경향이 있다.

　보육서비스의 질을 높이기 위해서는 보육시설 운영관리에 대한 인식이 바뀌어야 한다. 이제는 자신의 리더십을 돌아보고 조직이 어떤 특성을 보이고 있는지 파악하고 변화를 모색하여야 한다.

1. 목표 및 비전 세우기

'왜 당신을 보육시설을 운영하십니까?', '당신은 어떤 어린이집을 만들고자 합니까?'라는 질문에 무엇이라고 대답할 것인가? 백만 원 갓 넘는 월급을 타기 위해 이 일을 한다면, 참으로 안타까운 일이다. 적은 돈으로 할 수 있는 사업이라서, 혹은 내 아이 키워본 경험으로 할 수 있는 부업쯤으로 생각하고 시작하였다면 시작이 어찌되었든 다시 한번 일의 의미와 비전을 만들어 볼 필요가 있다. 내가 지금 선택한 보육이라는 일의 의미는 무엇인가? 사회에서, 사람에게 그리고 나에게 어떤 의미를 지니고 있는지를 찾아보고 나름대로의 가치체계를 정립해 보자.

교사들과 함께 모여 '나는 왜 그 많은 일 중에서 보육이라는 일을 하고 있으며 어떻게 하기를 희망하는가'에 대해 함께 의견을 공유해 보자. 어떤 보육을 실천하기를 원하는지, 5년 후, 10년 후 어떤 삶을 살기를 원하는지, 각 교사의 비전과 어린이집의 비전을 세우고 함께 나누어 보자.

<table>
<tr><td>

▲ 나의 5년 후의 모습은?

▲ 나의 10년 후의 모습은?

▲ 우리 어린이집의 5년 후 모습은?

</td></tr>
</table>

2. 직원 간 친목(sociability)을 높이자

조직문화는 조직을 발전시키기 위한 강력한 방편이라고 평가되고 있는 만큼 좋은 어린이집을 만들기 위해서는 이를 간과할 수 없다. 문화란 공동체로서 구성원들이 서로 연결되어 있는 방식의 결과이다. 공동체는 친목과 결속이라는 두 가지의 형태로 인간관계를 맺고 있다. 친목은 구성원들 간의 꾸밈없는 우호관계를 말하고 결속이란 개인적 관계에 상관없이 공유된 목적을 신속하고 효과적으로 추구할 수 있는 능력이다.

보육교사들은 친목이 높은 문화일 때 더 큰 만족감을 느끼게 되며 어려운 상황에서도 헌신할 수 있게 된다. 매일 만나서 함께 일하고 웃고 수다 떨면서 친숙해지는 사이가 되는 것은 친한 사람끼리 짝을 이루어 편을 가르게 만들고 직장에 대한 결속력을 높이지는 못한다는 우려를 낳는다. 관계를 좋게 하고 아울러 직장에 대한 결속을 높이기 위해서는 직원들에게 친목프로그램을 계획하도록 하고 시설장은 그 계획의 실행에 대해 적극적으로 지원해 주어야 한다.

몇 가지 방법의 예를 들어보자.

□ '생일' 함께 축하해주기

보육시설은 아이를 자녀와 같이 돌봄의 일이 매우 중요한 곳이다. 따라서 한 명 한 명의 생일을 기억하고 축하해 주는 일은 중요한 행사 중 하나이다. 시설마다 생일축하 파티를 이색적이면서도 의미 있게 하고자 많이 고민한다. 따라서 교사 자신의 생일 또한 다른 직종에 종사하는 사람들에 비해 그 의미를 더 크게 갖게 되므로 시설장은 직원의 생일을 달력에 표시하여 생일을 잊지 않도록 한다.

직원 회의를 통해 생일을 축하해 주는 방법을 함께 의논해 본다. 몇 가지 예를 찾아보면 생일에 작은 책 한 권을 준비하여 생일 축하 메시지와 함께 전달하는 방법이 있다. 그리고 생일 목걸이를 만들어 생일을 맞은 어른이나 유아가 착용하게 한다. 오늘이 생일임을 알리고 다른 동료들은 마주칠 때마다 생일 축하 메시지를 전달할 수 있다면 좀 더 행복감을 느끼고, 한 번이라도 더 웃어 줄 수 있지 않을까?

□ 취미 동호회 만들기

보육교사는 근무시간이 길기 때문에 취미생활을 하기가 쉽지 않다. 따라서 직장 내에서 취미활동을 할 수 있도록 취미 동호회를 만든다. 산악회, 영화보기 동호회, 책 돌려 읽기 동호회, 건강한 몸 만들기 요가, 사물놀이 등을 어린이집 직원들과 함께할 수 있도록 한다.

□ 문화 회식

보육시설은 젊은 여성들의 집단이다. 정기적으로 이루어지는 회식에서 몇 번은 영화를 보거나 1년에 1회 정도는 콘서트를 보고 저녁을 먹는 등 문화생활을 겸해서 회식을 준비하는 것도 좋다.

3. 팀워크가 중요하다

결속을 높이기 위해서는 어린이집의 운영목표와 방침을 분명히 하고 교사들에게 그것을 알리고 함께 실천할 수 있는 방법을 강구하여야 한다. 교사를 채용할 때나 원 운영에 필요한 내용을 결정할 때 시설장 혼자서 하기보다는 회의를 통해서 전체 의견을 수렴하여 결정하면 결속력을 높일 수 있다. 예를 들어 신임교사를 채용할 때 교사 회의를 통해 우리 어린이집은 어떤 특성을 지니고 있으며 따라서 어떠한 인재를 원하는지를 의논하고 결정하거나 공모전에 참여하기 위해 함께 노력하는 경험도 좋은 방법이다.

일반적으로 팀워크란 팀의 성원(成員)이 공동의 목표를 달성하기 위하여 각 역할에 따라 책임을 다하고 협력적으로 행동하는 것을 이르는 말이다.

어린이집에서 공동의 목표를 위해 함께 협력하고 노력하는 팀워크는 항상 요구되는 모습이나 이를 이끌어 내는 것은 쉽지 않다. 개인적인 성향이 강한 젊은 여성으로 구성된 어린이집에서 팀워크를 끌어내려면 부드럽고 파워풀한 리더십이 요구된다. 팀워크를 높이기 위해서는 모든 종사자의 NQ를 높이고 원장의 리더십을 변화하여야 한다.

□ NQ를 높여라

2005년부터 평가인증제가 실시되고 있다. 평가 인증을 준비하는 어린이집의 가장 큰 고민은 돈이나 조력의 유무가 아니라 교사들의 이동이다. 준비하면서 동료 교사 간, 교사와 원장 간에 갈등의 골이 깊어지게 되면서 인증을 힘겹게 통과했음에도 성취감을 갖지 못하고 어린이집을 그만두는 사례가 많이 있다.

"○○ 선생님은 너무 얌체 같다. 자기 일만 하고 다른 사람을 전혀 도와주지 않는다.", "일만 벌여 놓고 자기는 쏙 빠져나간다." 등등 사소한 일로 인해 분위기를 삭막해지고 원장도 모르는 사이 조직은 와해된다. NQ(Network Quotient : 공존 지수)란 새로운 네트워크 사회에서 우리 모두가 함께 잘살기 위해 갖춰야 할 공존의 능력을 말한다. 즉, NQ는 더불어 살아갈 수 있는 능력이며 자신이 아닌 다른 사람들과의 소통을 위한 도구인 셈이다.

우리 국민은 나 잘 사는 것에 집중하느라 더불어 살아가는 훈련을 생략했고, 남에게 양보하고 다른 사람을 배려하는 기쁨을 배우지 못했다. 그래서인지 공동으로 무슨 일을 하기가 힘들다. 개개인의 NQ 수준이 어린이집 전체의 힘든 상황을 이겨낼 수 있는 강력한 힘이 된다.

□ 감성적 리더십이 통한다

어린이집이 즐거운 일터로 좋은 보육서비스를 실천하기 위해서는 권위적인 리더이기보다는 교사들과 감성으로 교감할 수 있는 섬세한 리더로 변화해야 한다. 자신의 작은 변화를 알아주고 고민을 함께해 주는 리더를 따른다. 젊은이들은 사소한 것을 챙겨주고 말이 통하는 리더를 좋아한다. 조직 구성원을 감성으로 느껴야 변화시킬 수 있고 감성으로 다가설 때 리더와 조직을 사랑하게 된다. 은행 등 대기업에서도 직원 생일이나 결혼기념일 등에 축하 엽서와 케이크를 가정으로 보내주어 좋은 효과를 거두고 있는 예이다.

□ 몸과 마음이 건강해야 일도 즐겁다

무엇을 이루기 위해 열심히 노력하고 성취하고자 하기 위해서는 기본적인 욕구에 대해 만족감을 가졌을 때 가능하다. 맛있는 음식, 쉴 공간, 여유롭게 마시는 차 한 잔, 담소를 나눌 수 있는 분위기 등 기본적인 욕구가 배려된 근무 환경을 마련해 준다. 특히 중요한 것은 교사의 건강상태이다. 교사의 건강은 영유아의 생활과도 밀접한 관련이 있으며 어떤 일에 대한 열정과 적극성에도 영향을 미친다. 보육교

사들은 대부분 영유아의 규칙적인 일과에 맞추어 생활하기 때문에 건
강한 생활리듬을 따르고 있으나 아침을 거르거나 저녁을 거른 채 야
근하는 경우가 많다. 비록 별것 아니라고 생각될 수 있지만 야근할
때 저녁식사를 세심하게 배려한다든지, 교사의 건강을 위한 비타민 C
를 준비하거나 독감 예방 주사를 맞도록 하는 배려도 교사가 몸과 마
음을 건강하게 만들 수 있다.

□ 기본을 배려한 최소한의 환경은 필수이다

지금까지 어린이집은 어린이들만을 위해 모든 환경이 만들어졌다. 화장실 변기 외에는 모든 것이 어린이의 신체사이즈에 맞게 구성되어 있어 회의를 할 때에도 수업 준비를 할 때에도 손바닥만

한 작은 의자에 앉아서 일을 하게 되고 몸이 불편해도 조용히 쉴 만한
공간이 없다. 보육교사들의 교재 준비나 교사회의, 휴식을 위한 별도의
공간을 만들어 주어야 한다. 시설 여건상 이것이 어렵다면 최소한 교
사용 책상이나 개인 소지품을 넣어둘 수 있는 사물함 등이 비치되어야
한다. 이는 영유아 위주로 구성된 환경 속에 있는 보육교사의 불편과
긴장을 완화시켜 주어, 보육교사로 하여금 자신의 직무를 보다 원활하
게 수행할 수 있게 된다.

□ 무엇을 즐기고 몰입한다는 것

보육시설은 유난히 이직이 많은 조직이다. 이는 근무조건이 열악하

기 때문이기도 하지만 연구에 의하면 이직의 원인이 반드시 근무조건에만 있는 것은 아니다. 몇 년을 근속한 교사인데 평가인증을 준비하는 것이 힘들 것 같다면서 퇴직하는 사례가 많아 원장은 물론 동료교사들까지 안타깝게 만드는 경우가 있다. 어려울 때 함께 힘을 모아 그 과업을 달성하여야 함에도 어려움이 예상되면 미리 겁을 먹고 포기하고 다른 직장을 찾는다. 이것은 보육이라는 일, 내가 다니는 직장에 몰입하지 않았기 때문이다. 몰입(commitment)한다는 것은 일반적으로 어떤 사람에 대해 헌신하는 것을 말하지만 조직에서의 몰입은 단순히 어떤 사람이 어떤 사람에 대해 헌신하는 것만을 말하는 것이 아니라 경제, 전략, 재정, 정보, 기술과 운영에 대한 사고의 근본적 생각이다.

무엇에 몰입해 있다는 것은 인간의 에너지를 창출하는 동시에 마음에 생기를 불어 넣어준다. 독창성이나 아이디어는 하고자 하는 일에 몰입되었을 때 가능한 일이다. 물론 겉으로만 몰입하는 척하는 경우도 있다. 그저 원장이 요구하는 일을 열심히 하는 체할 뿐 진정한 성취감을 원하지 않는다. 조직 몰입은 교사가 스스로 결정할 수 있고 인정받는 문화일 때 가능하다.

4. 자율적 의사결정 체제(system)의 확립

□ 교사에게 의사 결정할 수 있는 권한을 주어라

기업에서는 종업원들을 임파워먼트(empowerment)하기 위해 노력하고 있다. 임파워먼트란 실무자들의 업무 수행 능력을 제고시키고, 관리자들이 지니고 있는 권한을 실무자에게 이양하여 그들의 책임 범위를 확대함으로써 종업원들이 보유하고 있는 잠재 능력 및 창의력을 최대한 발휘하도록 하는 방법을 말한다.

많은 원장들이 교사에게 권한을 주는 경우는 많으나 이를 자신의 책임회피를 위한 수단으로 사용하는 경우도 있다. 즉 성공했을 때, 외부에서 상을 받게 되거나 인정을 받게 되면 이를 함께 공유하지만 지지부진하거나 실패했을 때는 그 책임을 교사들이 실력이 없어서, 노력하지 않아서라고 교사들에게 전가하는 것이다. 이런 경우 교사와 원장 간의 신뢰는 깨지게 되고 소신 있는 의사결정을 내리기보다는 원장의 눈치를 보는 등 자기 보신에 더 신경을 쓰게 된다. 조직 구성원들은 이러한 이해를 바탕으로 상사의 허락이나 지침을 기다리지 않고 자기 스스로 업무를 수행하며 조직 성과와 개인의 능력을 향상시킬 수 있다. 동시에 구성원들이 가지고 있는 재량권의 한계가 어디까지인가를 확실하게 인식시켜야 한다. 이러한 가이드라인이 없다면 구성원들은 임파워먼트되기보다는 오히려 혼란을 느끼게 될 것이다.

의사결정 권한을 주는 것과 책임만을 떠맡기는 것과는 구분되어야 한다. 예를 들어 보육과정과 보육환경은 교사에게 알아서 하라고 하면서 재료나 교구를 마음대로 살 수 없다면 그것은 책임만 떠안게 되는 것이다. 10만 원을 넘지 않는 범위 내에서 보육환경을 개선하라든지, 적은 액수일지라도 경제적인 권한도 함께 주어질 때 좀 더 자발적으로 최선을 다하고자 할 것이다.

□ 침묵의 미를 발휘하라

대부분 시설장은 유아교사 경험이 있는 사람들이다. 유아를 가르치기 위해서는 보다 구체적이고 실제적이고 세심한 배려가 요구된다. 시설장이 되어서도 영유아를 지도하던 지도 형태를 벗지 못하고 교사에게 업무를 지시할 때에도 매우 세밀한 부분까지 결정해서 전달하는 경우가 많다. 이러한 방식은 교사를 매우 수동적으로 만들어 시키는 일만, 시키는 대로만 하게 한다.

교사를 자발적으로 만들기 위해서는 침묵의 미(a few things unsaid)를 살려 보자. 구성원들을 일일이 규율하고 지시하기보다 스스로 해답을 찾도록 하는 편이 바람직하다. 적당한 방법을 찾지 못하는 경우 몇 가지 대안을 제시해 주고 교사들이 그 안에서 선택하도록 하면 교사는 자신의 결정에 대해 책임감을 갖게 되고 능동적으로 일을 하게 된다. 교사회의에서 교사가 의견을 충분히 발의할 수 있고 또 그것이 의미 있게 수렴되는 장(場)이 될 수 있도록 교사회의를 잘 활용해 보자. 또는 교사 'Team'제를 활용하거나 소모임을 만들어서 활동하게 하는 것도 좋은 방법이다.

□ 회의 시간은 짧게, 유익하게, 재미있게 만들어라

보육시설에서의 회의는 대개 1주일에 1회 정도 이루어진다. 매 회의마다 시설장이 참석하기보다는 교사들끼리 자율적으로 회의를 하도록 하고 월 1회 정도 참석하는 것이 활발한 의견을 제안할 수 있다. 적은 인원이 회의를 진행하더라도 공식적인 회의 절차를 따르는 것이 좋다. 대개 회의 순서는 개회, 회의록 낭독, 각 반 보고, 안건협의, 전달사항, 건의 사항, 폐회 등의 순으로 이루어진다. 회의 시 간식을 준비한다든지, 좋은 글 한 마디, 노래부르기, 안마해 주기 등 재미있는 시간을 넣어 주면 보다 활력 있는 교사회의를 만들 수 있다.

회의가 지루하고 재미없는 이유는 회의의 근본을 찾지 못함과 민주적이지 못하기 때문이다. 민주적이란 민주성을 심화, 확산시키는 것이다. 민주성이란 인간 상호 간의 존엄성을 전제로 합의를 성립시키는 행동원리로 다수의 의견을 따르고 소수의 의견을 성실히 고려하는 정신이다.

회의를 기피하고 싫어하는 이유는 대개 자신의 의견이 윗사람의 마음에 들지 않으면 무시된다는 것과 다른 하나는 상사의 잔소리를 듣는 시간이라고 생각하기 때문이다. 회의는 어떤 안건에 대해 토의하고 정보를 공유하는 것이 주 목적이고 다음은 직원 간 만남과 이야기 나눔의 장이 되도록 해야 한다. 회의시간이 꾸지람을 듣는 시간이 되거나 직원 평가의 시간이 되어서는 곤란하다.

□ 'Team' 활용의 예

구성원들은 공통된 의식과 목표를 가지고 어린이집의 목표를 달성하기 위해 참여와 팀워크로 헌신한다. 팀은 시설규모에 따라 3인에서 5인 정도가 활동하는 것이 적당하다. 어린이집에서 공통적으

로 연구하고 관리해야 하는 직무영역에 대해 팀을 만들고 원장은 각 팀이 활발하게 활동하도록 지원하고 관리한다. 어린이집에서 만들 수 있는 team의 예를 들어보자.

▷ 안전위생팀: 어린이집의 안전과 위생 관련 부분을 총괄한다. 영유아보육법에서 규정하고 있는 안전교육에 대한 계획을 세우고 교육내용을 구성하여 다른 교사들에게 안내하고 평가한다. 한 달에 1회씩 어린이집 안전과 위생 점검을 실시한다.

▷ 환경팀: 어린이집 전체 환경을 계획하고 구성한다. 봄, 여름, 가을, 겨울에 맞게 환경을 바꾸어주고 각 교실의 자유선택활동영역 교구나 또는 주제에 맞게 환경구성에 대한 정보를 제공해 준다.

▷ 편집팀: 어린이집에서 부모나 외부로 나가는 모든 인쇄물을 관리

하고 제작한다. 어린이집 홍보물이나 게시물을 만들고 상담을 위한 자료도 편집팀에서 맡아서 만들어 사용할 수 있다.

▷ 행사팀: 어린이집에서 이루어지는 행사를 지원하고 자료를 정리하며 직원 간 친목 도모와 사기 진작을 위한 행사를 계획하고 진행한다.

월	행사		내용
	어린이집 행사	직원 행사	
3월	적응기간		
4월	부모 개별 상담		개별 상담 기간 홍보 및 사진 촬영과 포트폴리오 작업이 이루어진다.
	부모교육		부모교육 홍보 및 사진 촬영과 포트폴리오 작업이 이루어진다.
		전 직원 영화관람	상조회와 함께 영화 관람을 계획하고 진행한다.
5월	봄 소풍		봄 소풍 홍보 및 사진 촬영과 포트폴리오 작업이 이루어진다.
	어린이날 행사		어린이날 행사 홍보 및 사진 촬영과 포트폴리오 작업이 이루어진다.
6월		외도	여행을 계획하고 진행함으로 교사들의 친목을 도모하도록 한다.
7월	그룹상담		"바람직한 자녀 양육에 관한 소모임"에 관한 반별 그룹 상담 홍보 및 사진 촬영과 포트폴리오 작업이 이루어진다.
8월	뮤지컬 공연 관람		뮤지컬 공연을 계획하고 진행한다.
9월	부모교육		부모교육 홍보 및 사진 촬영과 포트폴리오 작업이 이루어진다.
		춘천 중도	여행을 계획하고 진행함으로 교사들의 친목과 화합의 자리를 마련한다.

월	행사		내용
	어린이집 행사	직원 행사	
9월	그룹상담		"바람직한 자녀 양육에 관한 소모임"에 관한 반별 그룹 상담 홍보 및 사진 촬영과 포트폴리오 작업이 이루어진다.
10월	가을소풍		가을 소풍 홍보 및 사진 촬영과 포트폴리오 작업이 이루어진다.
11월	음악회		음악회 홍보 및 사진 촬영과 포트폴리오 작업이 이루어진다.
12월	그룹 상담 산타잔치		산타잔치 홍보 및 사진 촬영과 포트폴리오 작업이 이루어진다.
		전 직원 송년의 밤	12월 말 전체 회의를 이용하여 전 직원 송년의 밤을 계획하고 진행함으로 교사들의 친목과 화합의 자리를 마련한다.
1월	졸업 여행		7세아 졸업여행이 이루어진다.
		전 직원 스키장	스키장을 계획하고 진행함으로 교사들의 친목과 화합의 자리를 마련한다.
2월	졸업 및 진급식		졸업식 및 진급식 홍보 및 사진 촬영과 포트폴리오 작업이 이루어진다.
		교직원 워크샵	워크샵을 통해 교직원 간의 친목의 자리를 준비하고 진행하도록 한다.
	학부모 오리엔테이션		오리엔테이션 홍보 및 자료/유인물/환경 준비/진행/마무리를 한다.

5. 교사가 발전할 수 있도록 도와라

□ 보육교사에게 기록은 전문성이다. 기록하는 것을 훈련시켜라.

보육교사는 문서화하고 기록하는 일을 어려워한다. 매일 매일 아이들과 즐겁게 지내면 되지 왜 이렇게 서류로 만들어야 하는가라고 생각하고 업무의 문서화, 기록에 대한 이해가 부족하다. 기록이란 사전적 의미로 보면 어떤 사실이나 내용을 글, 소리, 영상 등의 자료로 남겨 뒷날 다시 보거나 들을 수 있도록 어떤 매체에 담는 것 또는 그 담은 자료를 말한다. 보육에 있어서 기록은 지난 업무에 대한 자료가 되고 계획과 평가를 위한 근거 자료가 된다. 보육은 교육활동만큼 돌봄의 행위가 중요하게 이루어진다. 돌봄은 부모가 아이를 양육하는 행위로 생각하여 전문적이지 않다고 여긴다. 하지만 보육시설에서의 돌봄은 보육교사는 1명의 교사가 여러 명의 영유아를 이해하고 돌보아야 한다는 점과 개별적인 특성을 고려하여 그들의 요구에 반응해주어야 한다는 점에서 특별하고 전문적이다. 따라서 개별적인 특성과 반응에 대해 세밀하게 기록하여 개별적인 특성을 파악하여야 한다.

보육시설에서 문서와 기술, 영상으로 이루어지는 기록의 예는 다음과 같다.

기록의 종류	내 용
문서	-보육 계획을 위한 문서: 행사계획안, 보육계획안 -보육 실행의 내용을 기록한 문서: 체크리스트, 각종 일지, 소방훈련, 생활기록부, 건강진단 서류, 일일 관찰 기록부 -보육평가를 위한 문서: 행사 평가, 보육일지, 만족도 조사서 -시설 운영관리를 위한 문서: 예산, 결산서, 인사기록부, 휴가원, 교재교구 관리대장, 비품관리대장, -역할과 의사소통을 위한 문서: 당직일지, 협조의뢰서, 공문서, 내부 기안서
기술	영유아의 행동 특성이나 평가 내용을 교사는 저널 형식으로 기록할 수 있다.
영상	영유아의 생활과 모습을 사진과 비디오로 촬영하여 기록한다.

□ 체계적인 교육 시스템을 갖추어라

보육 교사는 보육의 서비스의 방향과 성과를 결정하는 가장 핵심적인 요소이다. 따라서 현장에서의 계속적인 교사 교육은 매우 중요하다. 보육교사는 미성숙한 아동들의 정신생활과 인간적인 성장을 조장하는 사람이므로 교사 자신이 정신적이고 창조적인 능력을 갖춘 사람이어야 한다. 더욱이 보육교사는 인간발달에 가장 중요한 시기인 영유아기를 맡고 있기 때문에 그 역할이 더욱 다양하고 중요하다.

모든 교사는 각자 개성이 있고 나름대로 강점과 약점을 가지고 있다. 따라서 전문성 확보와 교사 신념 확립을 위해 꾸준히 노력할 수 있는 기회를 제공하여야 하며 반성적인 자세를 지니도록 하여야 한다. 현대 사회에서 바람직한 조직구성원은 개인의 능력도 중요하지만 조직을 발전시킬 수 있는 사람, 원만한 인간관계를 맺을 수 있는 성향과 자질을 강조하고 있다.

시대에 따라 바람직한 자질은 계속 변하고 있다. 시설장으로서 우리 시설의 철학과 환경에서 바람직한 교사상은 무엇인가 고려해 보고 시대적 변화를 반영하며 교사의 자질을 계속 발달시켜 가도록 지원하고 격려해 주어야 한다. 우리 어린이집은 어떤 교사를 원하는가? 원장으로서 나는 어떤 교사를 바람직한 교사라고 생각하는가? 한번 곰곰이 생각해 보자.

교사를 지속적으로 발전할 수 있도록 하는 교사 교육은 다음의 점을 유의하여 실행한다.

▷ 교사의 발달을 고려한다.

교사들도 유아들처럼 발달 단계가 있고 또한 발달에 있어 개인차가 있다. 이는 교사 교육이 개별 교사의 발달 단계를 고려하여 다양한 수준과 방법으로 구성되어야 하며 단순하고 분절된 경험이 아니라 지속적인 발달을 도울 수 있는 방향으로 구성되어야 한다. 유아에 대한 이해가 선행되어야 성공적인 교육이 이루어지듯이 교사교육을 성공적으로 이루기 위해서는 교육의 대상이자 학습의 주체인 교사에 대한 이해가 우선되어야 한다. 전문성을 지닌 교사, 유능한 교사로 키우기 위해서는 교사의 발달단계를 이해하여 지속적인 교사교육이 이루어져야 한다.

▷ 반성적 사고 능력을 향상시켜 준다.

교사들이 유아들을 가르치고 학급을 경영하는 과정에서 직면하게 되는 과제와 문제의 영역은 다양하다. 따라서 교사교육은 교수·학습의 영역뿐 아니라 학급 경영, 유아의 생활지도, 부모와의 관계 등 다양한 한 범위를 다루어야 한다.

특정 맥락에서 자신들의 행위를 반성해 봄으로써 이론적 수준을 발달시키며 개인적 수준의 이론과 관념을 토대로 새로운 이론과 방법을 현장에 적용해야 한다.

▷ 신임교사 교육은 반드시 한다.

대개 보육시설에서는 수습 기간이나 신임교사를 위한 준비 교육 없이 바로 신임교사로 하여금 담임을 맡게 하는 경우가 대부분이다. 어떠한 조직이든 새롭게 적용하기 위해서는 준비가 필요하고 적절한 도움이 있어야 한다. 대부분의 사람은 이전의 경험으로부터 기대와 선입견을 갖게 되고 이는 새로운 직장에 대한 적응에 영향을 준다.

신임교사 교육은 이러한 부분을 효과적으로 도와주어 신임교사가 조직의 일원임을 인식하도록 도와준다. 또한 긍정적인 방법으로 책임감을 명확하게 해 줌으로써 교사로서의 역할 수행을 촉진해 준다. 다른 초, 중, 고 교사와는 달리 영유아교사는 하루 종일 영유아들과 생활하고 또한 발달의 결정적 시기를 책임지게 되므로 교사의 미숙한 태도가 영유아에게는 매우 중요한 영향력을 미칠 수 있기 때문에 보육시설에서의 신임교사 교육은 특별히 그 필요성은 더욱 강조된다.

신임교사 교육 내용은 기초 이론과 어린이집에서 유의해야 하는 규칙이나 유의점을 등 실제 적용되는 부분에 대해 교육한다. 새로 일하게 된 직장으로서의 어린이집의 상황 및 구조, 프로그램의 목표, 어린이집의 운영방침 및 규정 등을 잘 알 수 있도록 안내한다. 아동 존중, 아동 및 부모와의 긍정적인 상호작용, 놀이의 중요성, 예절, 안전과 위생 등 교사로서 재직하면서 계속적으로 유념해야 하는 부분들로 교육과정을 만든다.

[신임교사교육 프로그램 예시]

	시 간	교 육 내 용	강사
1일	09:00-12:00	어린이집에 대한 전반적인 소개	원장
	13:00-15:00	교사 예절 교육	지역 원장
	16:00-18:00	보육사업 지침의 이해/ 근무 수칙	주임교사
2일	09:00-10:00	어린이집 조직 구성 및 역할	
	10:00-12:00	영유아 프로그램 계획의 실제	주임교사
	13:00-17:00	오후 프로그램 참관/ 영유아 귀가 지도	교사○○○
3일	09:00-12:00	오전 프로그램 참관/ 영유아 등원 지도	교사○○
	13:00-16:00	영유아의 안전과 위생 -어린이집에서의 긴급사항 발생 시 대처요령-	영양사
	16:00-18:00	학급 관리의 실제	교사○○○
4일	09:00-12:00	부모 상담 -원아 모집 상담, 전화 상담 방법-	주임교사
	13:00-15:00	식사 및 낮잠 지도	원장
	16:00-18:00	아동의 인권 이해	강사초빙
5일	09:00-12:00	현장견학 시 교사의 역할	주임교사
	13:00-16:00	기록 및 평가 관리	교사○○○
	16:00-18:00	바람직한 교사, 유능한 교사로서 비전 만들기	원장

▷ 자율적 자기 훈련의 기회를 주어라

　계속적으로 자신을 훈련하고 개발하여야 한다. 시설장이 교사 교육을 전부 끌어안고 일일이 교육을 시키는 것보다는 자율적으로 자기 교육을 실천할 수 있도록 시스템을 갖추는 것이 필요하다.

◆ 자기 훈련을 위한 방안

- 보육시설에서 수행하는 모든 과업들을 개념화하기
  : 보육시설에서 수행하는 모든 과업들을 구체적으로 개념화하고 중요성
    을 새롭게 인식
- 전문적인 기본 이론에 대해 알기
  : 전문화된 지식, 정보, 기술, 지식의 기초가 되는 기본적인 이론들에 대
    해 익히고 알기
- 자신의 강점과 약점 파악하기
  : 자신의 강점과 약점을 정확하게 이해, 자신에게 필요한 교사교육에 적
    극 참여하기
  - 여러 가지 교육자원들을 효율적으로 이용할 줄 알기
  - 교사 연구회 조직하기
  - 가장 적절한 자기 교육의 방법을 찾아 끊임없이 자기 자신을 향상시키기

▷ 문화적 관점과 끊임없는 변화에 대처하기 위한 자율적 교육을 하
게 한다.

여성 취업 확대와 핵가족화로 보육시설 수요 증대되면서 교사 역할
및 자질의 중요성은 매우 크다. 따라서 역할 수행 위한 지속적 훈련
이 필요하며 외부에 의한 교육만이 아니라 끊임없는 자기 교육을 하
는 교사로서의 교육이 요구된다.

▷ 자율장학은 자기 발전의 과정임을 인식하게 한다.

자율 장학의 과정은 시설(어린이집)의 자기발전을 추구하기 위한
과정은 물론 구성원 모두의 자기 발전을 도모할 수 있는 과정이다.
따라서 그 내용이나 방법에 있어서도 참여하는 구성원 모두의 겸허하
고 진지한 자기반성을 기초로 계속적으로 발전되어 나가는 과정을 밟
게 된다.

자율 장학에는 다음과 같은 범주의 내용들이 포함될 수 있다.

영역	전문적 발달	교사 개인적 발달	시설 조직의 발달
내용	수업, 학급운영, 기본생활 습관의 지도 등 교육 활동 전반에 있어 안전·숙달·성장을 도모하는 데 관련되는 내용	교사들이 개인적·심리적·신체적·가정적·사회적 영역에서 안정·만족·성장을 도모하는 데 관련된 내용	시설의 조직 환경 및 조직 풍토를 긍정적으로 변화시켜 시설 내에서 교사들의 삶의 질을 높이고, 시설 조직의 목표를 효과적으로 달성하는 데 관련된 내용
구체적 내용	▶교육계획안 및 교육일지·관찰일지 작성법 ▶효율적인 교수-학습방법 ▶수업 장학의 방법과 기술 ▶수업에 대한 반성 ▶교사 간의 수업 교환 및 정보교환 ▶유아 생활지도 방법 및 기술 ▶체계적인 행사준비와 진행 ▶학급경영 및 학급 관리 요령 ▶유아들의 연령특성에 대한 이해 ▶연령별 유아와의 상호작용 방법 ▶교육기자재 및 교재 교구의 활용 및 관리 ▶환경구성 및 장난감 선택 원리 ▶하루 일과에 따른 교사의 역할 ▶유아에 대한 평가 방법	▶교사의 신체적·정서적 건강 ▶교사의 성격 및 취향 ▶교사의 사회생활 ▶교사의 취미 활동	▶기관의 운영 방향과 중점사항 ▶학부모의 요구 사항과 그에 대한 기관의 대처 원칙에 대한 이해 ▶바람직한 부모와의 관계 형성방법 ▶교사의 복무 자세 ▶교사의 품위 유지를 위한 교육(복장, 인사법, 예절, 전화예절) ▶조직 구성원들 간의 인간관계 ▶의사소통 및 의사 결정 ▶역할분담 훈련 ▶보고체계에 대한 이해 ▶재정과 문서관리 ▶문서작성법 ▶환경 관리 요령 ▶운영 평가
관련 이론	▶영·유아 교육과정 이론 ▶영·유아 발달 이론 ▶교수·학습 이론 ▶학습 심리 ▶교수 매체	▶성인 발달 이론 ▶성인 심리 이론 ▶정신 의학 이론 ▶사회 심리 이론	▶조직 발달 이론 ▶유아교육기관의 운영관리 ▶인관 관계론

[부록 2]

보육시설 갈등 관리

☐ 갈등은 무조건 나쁜 것인가?

아무리 건강한 조직이나 좋은 관계라 하더라도 크고 작은 갈등은 발생하기 마련이다. 심리학에서는 갈등(conflict)이란 두 개 이상의 욕구가 동시에 만족될 수 없는 심리적 상태를 갈등이라고 정의하고 있다. 인간은 여러 사회적 조직 속에 포함되어 살아가게 되고 또 각 개인의 생각이나 정서는 모두가 다르기 때문에 갈등상황이 발생하는 것은 너무나 당연할지도 모른다. 최근 사회문화적으로 민주화, 자율화, 참여 등의 의미가 강조되고 인터넷, 통신 등 미디어의 발달로 인해 어린이집 내의 작고 사소한 갈등마저도 여러 양상으로 나타나고 있다. 특히 어린이집 조직구성원은 감성이 풍부한 젊은 여성들이 대부분이고, 서비스 대상 또한 스트레스가 많고 불안한 젊은 취업모들이기 때문에 과도한 민감성과 미성숙함으로 인해 다른 직장보다 갈등상황은 더 많이 발생할 수 있다.

조직이든 개인이든 갈등이 무조건 나쁜 것만은 아니다. 갈등은 생길 수밖에 없는 것이고 다만 이것이 어떻게 해결되느냐에 따라 그 기능은 달라진다. 서로 다른 생각 때문에 서로 싸우고 신랄하게 비판하고 상처주고 의욕과 사기를 떨어뜨리는 방향으로 몰고 간다면 그 갈등은 파괴적이고 건강하지 못한 갈등의 예이다. 갈등이 건강하게 관리되고 다루어진다면 오히려 창조적 측면으로 이끎으로써 구성원들에게 동기유발의 계기를 마련해 주어 서로 간의 관계 및 조직기능을 강화하는 데 기여하게도 된다.

□ 갈등은 아주 사소한 '차이'에서 나온다.

갈등을 순기능 방향으로 관리하기 위해서는 갈등의 원인을 바르게 파악하여야 한다. 어린이집에서 발생하는 갈등은 아무리 오랜 기간 지속되는 문제라 하더라도 그 근원은 아주 사소한 것에서 출발한다.

1) **목표의 차이**: 시설장과 교사 간에 보육을 보는 관점에서 차이가 있을 수 있고 보육이라는 일을 하는 목표에서 차이가 있을 수 있다. 이런 경우는 어린이집에서의 근무자체가 매사에 불만스럽게 느끼게 되고 서로 간 신뢰를 형성하기가 어렵다.

2) **이해관계의 차이**: 원장과 교사 간, 또는 부모 간에는 많은 부분에서 이해관계가 대립될 수 있다. 한정된 자원의 공동사용과 분배, 시간 계획, 역할 분담, 담임 배정 등에서 원장과 교사는 이해관계가 다를 수밖에 없다.

3) **인지 및 태도의 차이**: 사람은 생활방식과 지식, 경험이 다르기 때문에 인성, 가치관, 동기 등이 다를 수밖에 없다. 그러므로 현상을 제각기 다르게 해석하고 거기에 대한 태도도 각기 달리 나타난다. 특히 경험과 연령에서 오는 차이, 직책에서 오는 차이가 크다. 그러므로 차이가 있는 것은 자연스러운 것으로 받아들여야 하며 젊은 교사들의 비판적 사고를 어떻게 수용하느냐가 중요하다.

4) **의사소통의 부족 및 의사소통방법의 차이**: 갈등은 오해에서 비롯되는 경우가 많다. 오해는 의사소통이 원활하지 못하거나 왜곡되어 발생하는 경우가 있다. 의견을 표현하는 기술이 미숙하여 제대로 전

달되지 않고 오해가 발생하는 경우 문제의 핵심에서 벗어나 서로 다
투게 되는 경우가 있다.

5) **상호 기대의 차이**: 상호 기대가 충족되지 못한 경우 갈등이 생긴
다. 특히 부모와 발생하는 갈등은 기대의 차이가 많다. 부모가 원하는
교사의 역할과 교사가 생각하는 부모의 역할에서 많은 차이가 있으며
이것이 적절한 방법으로 표현되지 않았을 때 갈등은 안 좋은 모습으
로 표출되기도 한다.

□ 갈등은 부드럽게 다루자

이렇듯 갈등은 인간이 한 사람도 같은 수 없기 때문에 어떠한 원인
으로 인해 발생하든 전혀 없을 수는 없다. 다만 서로 오해나 차이가
있다고 인식되었을 때 그것을 어떻게 조절하고 관리하느냐에 따라 긍
정적으로 영향을 미칠 수도 있고 부정적으로 작용할 수도 있다. 갈등
상황이나 차이가 인지되었을 때 버럭 화를 낸다든지 강하게 일방적으
로 밀어붙인다든지 상대방의 이야기를 무시하는 표현을 한다든지 하
는 태도는 작은 갈등을 커다랗게 부풀리는 작용을 하고 만다. 작은
담배꽁초 하나가 잘못 관리되어 커다란 화재로 이러지는 경우와 마찬
가지로 작은 갈등을 소홀히 다루어 어린이집 전체 이미지와 전체 직
원의 사기를 떨어뜨리는 큰 사건으로 치닫게 만드는 경우만은 피해야
한다.

목표의 차이나 규정을 잘못 이해한 경우는 바르게 전달해야 하겠지
만 이해관계의 차이나 의사소통의 부족 등에서 발생한 갈등이라면 대
화 타협, 설득이 필요할 것이다. 갈등의 원인과 요지를 벗어나 잘못된
방향에서 서로 간 다툼이 되지 않도록 주의하여야 한다.

◆ **갈등 다루기 4단계**

1. 문제를 명확히 하기 위한 정보를 모은다.

당사자를 만나 이야기를 들어 보고 어떤 것이 문제인지 충분히 정보를 수집한다. 이때 원장은 수집된 정보 내용에 대해 화를 낸다든지 하는 일이 없이 객관적으로 듣고 수집하는 자세가 중요하다. 어떤 판단 없이 주임이나 다른 교사에게 격분하게 되면 이것이 단계적으로 확대되기 때문에 주의한다.

2. 함께 해결책을 토의할 제3자와 만나라.

문제를 혼자서 생각하고 판단하는 경우 주관적, 감정적으로 흐를 수가 있으므로 문제를 명확히 하기 위해서 제3자에게 신중하게 들음으로써 사실이 드러나도록 해야 한다. 이것은 쌍방 간에 모두에게 필요한 과정이다. 상대방에게도 객관적인 제3자와 만나도록 도와주어 함께 해결책을 토의하도록 한다.

3. 해결을 위해 주 역할(key player)을 할 수 있는 사람을 정하라.

다음 단계는 가능한 해결책을 논의하기 위해 주 역할을 해 줄 사람(key player)을 찾고 만나게 하는 것이다. 예를 들어 부모가 담임교사에게 불만이 있어 불거진 갈등이라면 원장이 Key player가 될 수 있고 원장과 교사 간의 갈등이라면 원장이 직접 타협안을 찾는 방법도 있겠으나 조정자의 역할을 할 만한 사람과 함께 결정하는 것이 더 바람직하다. 원장과 부모 간이라면 부모 대표, 교사와의 문제라면 교사 대표가 조정자의 역할을 할 수 있을 것이다.

4. 해결책이 실행될 수 있도록 촉진하라.

목표는 그 문제와 관련된 모든 사람이 수락할 수 있는 가능한 해결책을 찾는 것이다. 또한 다른 사람들의 사기가 떨어지지 않도록 조직을 강화하는 일이 함께 이루어져야 한다. 갈등 관리 과정을 평가하고 반영하는 일을 잊지 말아야 하며, 갈등을 조절하고 예방하는데 필요한 기술들을 생각해 보자.

□ 갈등 조절과 예방을 위한 몇 가지 기술들

갈등 자체보다는 갈등을 어떻게 관리하느냐가 중요하다고는 하지만 너무 빈번하게 갈등이 발생한다면 조직구성원들의 행동에 긍정적인 영향을 미치기는 어렵다. 어린이집 안에서 부모와 또는 교사와 이런

저런 갈등이 빈번하게 발생하면 서로 간에 냉담, 무관심과 같은 심리적 퇴행이 일어나며 이러한 풍토는 조직의 기능 수행에 부정적인 영향을 미치게 되며 결국은 노골적인 공격행동이 나타날 수 있다.

1) 비폭력적 의사소통 기술

인간은 저마다 준거기준이 다르기 때문에 서로 정보나 의견을 달리 해석할 수 있다. 따라서 원활한 의사소통을 통해 서로 간의 의견, 태도, 지식, 사실 등을 교환함으로써 서로 간의 이해의 폭을 넓혀야 한다. 특히 원장과 교사 간에는 지위상의 차이와 업무 성격이 다르기 때문에 의사소통이 제한되고 왜곡되는 경우가 많다.

원장은 회의에서 교사의 제안이나 건의에 대해 교사의 사기나 의욕을 떨어뜨리는 말은 삼가야 한다. 예를 들어 모든 교실에 컴퓨터를 설치해 달라는 교사의 건의사항에 대해 흥분해서 자기 의사를 표현하는 일이나 모든 연령에 혼합연령으로 하자는 원장의 제안에 대해 교사들이 반대하는 것에 심하게 실망하는 표현은 삼가는 것이 좋다. 교사가 왜 그렇게 생각하는지를 질문하고 잘 듣는 것이 중요하다. 서로 생각이 다르다 해도 상대방의 의견을 충분히 받아들인다는 것을 교사가 다시 확신하는 데는 시간이 걸린다. 또한 교사가 비록 원장의 제안에 반대 의견을 말해도 불이익이나 어떤 영향(repercussion)이 없을 것이라는 확신을 느끼도록 해 주어야 한다.

◆ **대화를 할 때**

1. 교사가 제안하거나 건의하는 이유를 인식하고 수용함을 나타내라.
2. "하지만"을 말하라.
3. 제3의 대안을 제공해라.

예) 선생님이 컴퓨터를 올바르게 사용하고 학습의 매체로 활용하려는 것은 참 좋은 생각입니다. 하지만 우리 어린이집의 예산으로 모든 교실에 컴퓨터를 놓으면 앞으로 일 년 동안 다른 비용을 전혀 지출하지 못합니다. 올해는 ○○반 복도에 두 대만 설치하여 돌아가면서 사용하고 조금씩 늘려가는 것은 어떻겠습니까?

2) 감성적 인간관계 맺기

원만한 인간관계는 갈등을 충분히 예방할 수 있다. Wiles(1961)는 인간관계 수립을 위해 1. 자기 개선을 통한 자아의 확립. 2. 타인의 가치에 대한 신임. 3. 타인의 욕망과 감정의 존중을 전제로 들고 있다. 어린이집에 관련되어 있는 사람들은 젊은 여성들이 대부분이므로 감성을 자극하는 관계맺 기가 효과적이다. 예를 들어 교사생일에 교사가 좋아하는 책 한 권과 작은 카드를 마련하는 일이나 행사를 마친 저녁시간에 "수고 많으셨습니다. 선생님이 있어 든든합니다."라는 문자 한 줄은 서로 간의 따뜻한 관계로 만들어주는 역할을 충분히 한다.

3) 협동적 분위기 조성하기

갈등이 생기는 것은 서로의 관점에 차이가 있기 때문이다. 어떤 문제이든 차이점이 있는 반면 유사점도 분명히 내재되어 있다 그러므로 어떤 문제에 대해 유사점과 공통관심사를 강조하고 확대하여 협조하는 분위기를 유도하도록 한다. 또한 어린이집 내에 지나친 경쟁보다는 교육계획안을 함께 계획하고 행사를 함께 준비하는 등 공적인 업무를 함께하는 것은 물론이고 취미활동, 연구모임 등을 통해 협동적 분위기를 만든다.

어려운 상황이 닥쳤을 때 힘을 합쳐 잘 해보자는 식의 접근이 효과를 거두는 시대는 이미 지났다. 구성원들이 이미 힘들다고 느끼고 있거나 분열되어 있고 정치화된 경우는 더욱 그러하다. 구성원들이 함께 노력에서 좋은 성과를 낸 경험 갖기, 미래 모습 함께 나누기, 우리들의 공통점과 차이점 찾기 등의 활동으로 팀워크를 높일 수 있는 새로운 공감대를 형성하는 것이 좋다.

4) 객관적 안목과 공평한 태도 갖기

어린이집에서 지위와 권한을 가지고 있는 원장은 모든 교사들에게 공평한 태도를 유지해야 한다. 공평한 자원의 분배 및 심리적 배려는 원장의 기보적인 자세이다. 어떤 교사에 대한 편애와 편견을 갖고 대하는 것은 매우 위험한 일이다. 항상 객관적인 안목으로 교사와 직무수행결과를 바라보고 공평하게 대하자.

5) 함께 공유하기

시설장은 어린이집 내에서 사용되는 모든 서류를 종사자들과 공유하고 함께 준비할 책임이 있다. 또한 재정 및 프로그램을 비롯하여 운영과 관련된 것은 부모와도 공유하여야 한다. 어린이집 교사를 비롯하여 모든 관련자들은 어린이집 조직문화의 한 부분을 느껴야 할 뿐만 아니라 프로그램을 이해해야 할 때, 어린이집에 무엇을, 얼마만큼 기대해야 하는지를 알고 자신들의 역할을 결정할 수 있기 때문이다. 공개하고 공유할 때 처음에는 신뢰가 형성되어 있지 않아 진통을 겪을 수 있으나 계획단계부터 함께 참여하게 되면 그들이 갈등의 소지자가 아니라 든든한 조력자가 된다.

[부록 3] 교사 및 시설특성변인에 따른 보육시설 조직문화

		N	관계문화	개발문화	위계문화	합리문화
연령	25세 이하	167	3.78	3.64	3.50	3.50
	26-30세	174	3.91	3.76	3.56	3.66
	31-35세	104	3.98	3.83	3.45	3.80
	36세 이상	98	4.06	3.82	3.58	3.82
	F		.48	3.49*	1.17	8.97***
학력	고 졸	167	3.97	3.68	3.46	3.56
	초 대 졸	174	4.00	3.72	3.55	3.63
	대 졸	104	3.97	3.79	3.52	3.72
	대학원졸	98	3.91	3.91	3.53	3.97
	F					
경력	3년 이하	167	3.98	3.68	3.52	3.57
	3-6년	174	3.89	3.76	3.50	3.63
	6-9년	104	4.00	3.80	3.53	3.77
	9년 이상	98	4.10	3.87	3.54	3.88
	F		2.01	3.05*	.07	7.70***
재직 기간	3년 이하	167	3.97	3.72	3.52	3.63
	3-6년	174	3.93	3.78	3.53	3.70
	6-9년	104	4.02	3.87	3.55	3.83
	9년 이상	98	4.35	3.91	3.46	3.84
	F		3.30*	1.81	.14	2.48
시설 규모	7명 이하	195	4.06	3.78	3.51	3.63
	8-14명	255	4.00	3.67	3.52	3.63
	15명 이상	93	3.77	3.89	3.54	3.86
	F		6.73**	5.72**	.09	6.38**
시설 유형	지원지설	360	3.99	3.80	3.57	3.73
	개인시설	183	3.96	3.63	3.43	3.55
	F		.32	13.56**	6.55*	11.68**

*p<.05, **p<.01 ***p<.001

[부록 4] 교사 개인배경 및 시설특성변인 간 상관관계

	(1)	(2)	(3)	(4)	(5)	(6)
시설유형(1)	1					
시설규모(2)	-.373***	1				
교사연령(3)	.030	-.017	1			
학　　력(4)	-.322***	.240**	-.046	1		
경　　력(5)	-.091*	.069	.581***	.117**	1	
재직기간(6)	-.213***	.015	.407***	.072	.669***	1

*p<.05, **p<.01 ***p<.001

[부록 5] 개인 및 시설특성과 보육서비스 질과의 상관관계 분석

구　분	단순상관	편상관계수				최대차이
		A	B	C	D	
시설 유형	-.20***	-.20***	-.13**	-.16***	-.14**	.07
시설규모	.23***	.28***	.21***	.24***	.15***	.08
교사연령	.15***	.13**	.08*	.14**	.02	.13
학　　력	.14**	.16***	.11**	.15***	.07	.07
총　　력	.14***	.13**	.09*	.15***	.02	.12
재직기간	.08	.14*	.02	.08*	-.00	.08
보수 및 조건	.569***	.534***	.409***	.521***	.364***	.20
교육지원	.617***	.588***	.459***	.561***	.421***	.19
시설장관리능력	.644***	.605***	.478***	.595***	.473***	.17

*p<.05, **p<.01, ***p<.0001

주: 편상관계수는 조직문화 요인을 통제한 후 교사 및 시설특성변인과 보육서비
　　스 질과의 상관을 구하였음.
　　A: 관계문화, B: 개발문화, C: 위계문화, D: 합리문화

[부록 6] 보육시설 조직문화와 관련 변인과의 상관관계

구 분	관계문화	개발문화	위계문화	합리문화
교사연령	.058	.084	.037	.141**
학 력	-.034	.059	.043	.088
경 력	.061	.084	.027	.144**
재직기간	.070	.047	-.028	.034
결 혼	-.085	-.144	-.087	-.131**
자아존중감	.072	.075	.077	.023
시설 유형	.030	-.181***	-.133**	.164***
시설규모	.099*	.100*	.056	.186***
근무조건	.236***	.455***	.269***	.515***
교육지원	.231***	.486***	.310***	.539***
시설장 능력	.280***	.519***	.305***	.522***

*p<.05, **p<.01 ***p<.001

[부록 7] 개인 및 시설특성변인에 대한 집단문화의 조절효과 분석

구 분	R2	F	β	t
시설 유형	.240	24.49***	-.153	-3.47**
시설규모			.014	.05
교사연령			-.394	-4.86***
교사학력			.039	.93
교사경력			.053	.88
재직기간			.689	2.82*
관계문화*시설 유형			.161	.59
관계문화*시설규모			.232	5.34***
관계문화*교사연령			.686	7.23***
관계문화*교사학력			.053	1.14
관계문화*교사경력			.053	.84
관계문화*재직기간			-.811	-3.22**

[부록 8] 개인 및 시설특성변인에 대한 개발문화의 조절효과 분석

구 분	R2	F	β	t
시설 유형	.406	83.05***	.377	1.60
시설규모			.025	.09
교사연령			-.611	-10.54***
교사학력			.029	.78
교사경력			-.008	-.18
재직기간			-.052	-1.31
개발문화*시설 유형			-.075	-1.99*
개발문화*시설규모			.177	4.50***
개발문화*교사연령			.872	14.78***
개발문화*교사학력			.056	1.36
개발문화*교사경력			-.011	-.23
개발문화*재직기간			-.057	-1.42

[부록 9] 개인 및 시설특성변인에 대한 위계문화의 조절효과 분석

구 분	R2	F	β	t
시설 유형	.291	50.04***	-.105	-2.55*
시설규모			.193	4.69***
교사연령			-.430	-7.49***
교사학력			.030	.733
교사경력			.012	.262
재직기간			-.022	-.510
위계문화*시설 유형			.152	.656
위계문화*시설규모			-.049	-.197
위계문화*교사연령			.679	11.81***
위계문화*교사학력			.055	1.20
위계문화*교사경력			.002	.031
위계문화*재직기간			-.037	-.853

[부록 10] 개인 및 시설특성변인에 대한 합리문화의 조절효과 분석

구 분	R2	F	β	t
시설 유형	.414	86.01***	-.095	-2.53*
시설규모			.112	2.95**
교사연령			-.680	-11.80***
교사학력			.015	.41
교사경력			-.034	-.78
재직기간			-.027	-.69
합리문화*시설 유형			.006	.030
합리문화*시설규모			-.142	-.51
합리문화*교사연령			.953	16.45***
합리문화*교사학력			.032	.76
합리문화*교사경력			-.053	-1.18
합리문화*재직기간			-.037	-.92

[부록 11] 조직문화와 보육서비스 질에 관한 질문지

안녕하십니까?

보육사업의 발전을 위하여 노력하고 계신 어린이집 원장님과 선생님의 노고에 감사드립니다. 저는 덕성여자대학교 대학원 박사과정에서 유아교육을 전공하고 있는 조인숙입니다. 한시도 소홀히 할 수 없는 아이들과의 일상과 가을 행사로 매우 분주한 시기임을 알면서도 이렇게 협조를 요청하게 된 점 송구하게 생각합니다.

본 질문지는 '보육시설의 조직문화와 보육서비스 질과의 관계'에 관한 박사학위논문을 작성하기 위한 것입니다. 선생님께서 응답해 주신 내용은 통계분석을 위한 목적으로만 소중하게 활용될 것이며 응답내용에 관한 비밀은 철저하게 보장될 것입니다.

업무에 바쁘시고 설문의 내용이 다소 번거로우시더라도 <u>끝까지, 한 문항도 빠짐없이 응답해 주시면 귀중한 자료로 사용하겠습니다.</u>

다시 한번 선생님의 협조에 진심으로 감사드립니다.

2004년 9월

덕성여자대학교 대학원 유아교육과

지 도 교 수: 양 옥 승

연구자: 조 인 숙 드림

다음은 귀하의 시설에 관한 질문입니다. 해당란에 ∨를 하거나 직접 기입해 주십시오.

1. 귀 보육시설의 유형은?

  ① 국 공 립__________

  ② 법인단체__________

  ③ 개　　인__________

  ④ 직　　　장__________

2. 귀 보육시설의 인가 학급 수는?__________학급__________명

3. 귀 보육시설의 교직원 수는?__________명

4. 귀 보육시설의 소재지?

  ① 서울특별시 __________구

  ② 경기도__________시

  ③ 지방: __________도__________시

다음은 귀하의 일반적 배경에 관한 질문입니다. 해당란에 ∨를 하거나 직접 기입해 주십시오.

1. 귀하의 연령은?__________

2. 귀하의 학력은?

  ① 고등학교 졸__________

  ② 전문대학 졸__________

  ③ 대학졸 __________

  ④ 대학원 졸 __________

3. 귀하의 총 교사 경력은?__________년__________개월

4. 현 시설에서 근무 경력은 __________년 __________개월

5. 귀하의 직위는?

   ① 교사 ____________② 주임교사______________

   ③ 원감____________④ 원장____________

6. 귀하의 결혼 상태는? ① 기혼__________② 미혼__________

1. 다음 문항은 귀 기관의 조직문화 유형을 이해하는 데 필요한 내용입니다. 현 시점에서 귀하의 기관에 해당된다고 생각되는 정도를 ∨하여 주시기 바랍니다.

전혀 그렇지 않다. -------- 1   대체로 그렇지 않다. ----------- 2
보통이다. --------------- 3   대체로 그렇다. -------------- 4
매우 그렇다. ------------ 5

1	우리 어린이집 교사들은 가족과 같은 조직분위기를 가지고 있다.	①	②	③	④	⑤
2	우리 어린이집 교사들은 상호 우호적인 관계로 서로 존중하며 예의를 다 한다	①	②	③	④	⑤
3	우리 어린이집 교사들 간의 협조적 관계와 팀워크를 중시한다.	①	②	③	④	⑤
4	우리 어린이집은 조직 구성원들 개인들에 대해 배려와 관심을 기울이고 있다.	①	②	③	④	⑤
5	우리 어린이집 교사들은 문제가 발생하면 서로를 감싸주려고 한다.	①	②	③	④	⑤
6	우리 어린이집 교사들은 상호간에 동료의식을 느끼고 있다.	①	②	③	④	⑤
7	우리 어린이집 교사들은 새로운 프로그램이나 아이디어가 잘 받아들인다.	①	②	③	④	⑤
8	우리 어린이집은 앞서가는 위치에서 성장, 발전해 나가는 것을 강조한다.	①	②	③	④	⑤
9	우리 어린이집은 창의적인 능력을 발휘하도록 교사들에게 많은 권한을 부여하고 있다.	①	②	③	④	⑤

10	우리 기관 교사들은 새로운 교수 방법이나 생활지도 방법에 관심을 갖는다.	①	②	③	④	⑤
11	우리 어린이집은 필요하다면 행사계획이나 절차, 규칙 등의 변경이 용이하다.	①	②	③	④	⑤
12	우리 어린이집 교사들은 행정적 결정사항이나 방침에 별 이의를 제기하지 않는다.	①	②	③	④	⑤
13	우리 어린이집 교사들은 각자가 맡고 있는 업무에서 능력을 충분히 발휘하고 있다	①	②	③	④	⑤
14	우리 어린이집 교사들이 자기 발전을 위해 전념하도록 지원한다.	①	②	③	④	⑤
15	우리 어린이집은 교사들의 제안이나 창의적인 의견이 충분히 활용되고 있다.	①	②	③	④	⑤
16	우리 어린이집 교사들은 교육에 관한 정보를 얻기 위해 노력하고 있다.	①	②	③	④	⑤
17	우리 기관은 상하간의 위계질서를 강조한다.	①	②	③	④	⑤
18	우리 기관 교사들은 교직원의 책임과 역할을 명시한 공식적인 복무규정에 대해 잘 알고 있다.	①	②	③	④	⑤
19	우리 기관은 엄격한 결재 과정을 통해 업무수행 과정을 통제한다.	①	②	③	④	⑤
20	우리 기관은 기존의 절차 및 관행의 준수를 중시한다.	①	②	③	④	⑤
21	우리 기관 교사는 기관 내외 활동에서 교사신분에 벗어나지 않도록 매사에 신중하다.	①	②	③	④	⑤
22	우리 기관 교사들은 수업시간이나 출근시간을 잘 지키고 있다.	①	②	③	④	⑤
23	우리 기관 교사들은 수업 등의 교육활동에서 단정하고 적절한 복장을 하고 있다.	①	②	③	④	⑤
24	우리 기관의 교육과정은 우리 기관 교육이념을 반영하고 있다.	①	②	③	④	⑤
25	우리 기관은 후배 교사들에게 소개할 만한 교육이념이나 가치가 있다.	①	②	③	④	⑤
26	우리 기관은 교사의 유아교육에 대한 전문지식과 능력이 강조된다.	①	②	③	④	⑤

27	우리 기관은 절차나 관행보다 합리적인 목표달성을 우선시한다.	①	②	③	④	⑤
28	우리 기관은 치밀한 계획하에 행사나 교육이 이루어지고 평가를 강조한다.	①	②	③	④	⑤
29	우리 기관의 의사결정은 비교적 민주적이고 합리적으로 이루어진다.	①	②	③	④	⑤
30	우리 기관은 교사들의 의견을 교육목표 수립에 반영한다.	①	②	③	④	⑤

1. 귀하께서 근무하고 있는 시설은 교직원 전문성 향상을 위해 연수 및 장학이 다양하게 지원되고 있습니까? ( )

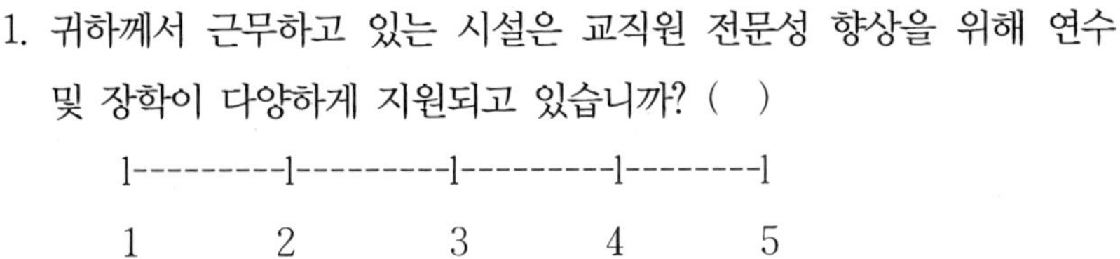

(전혀 그렇지 않다)　　　　　　　　　　　(매우 그렇다)

2. 귀 시설은 급여수준 및 기타 조건은 관련 법규를 기준으로 적절합니까? ( )

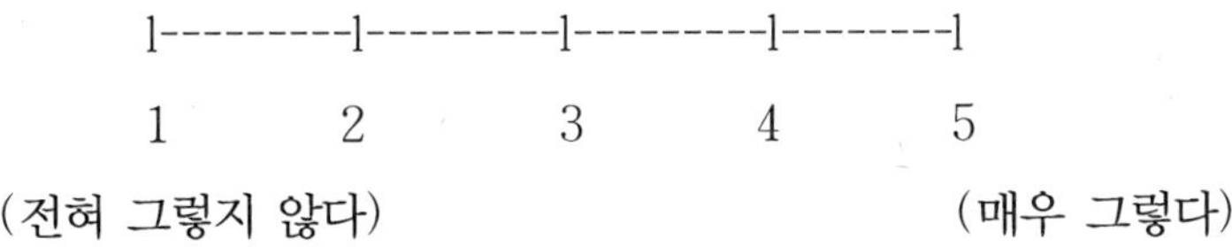

(전혀 그렇지 않다)　　　　　　　　　　　(매우 그렇다)

3. 귀 시설 시설장은 전문적 관리 능력을 갖추고 있다고 생각하십니까? ( )

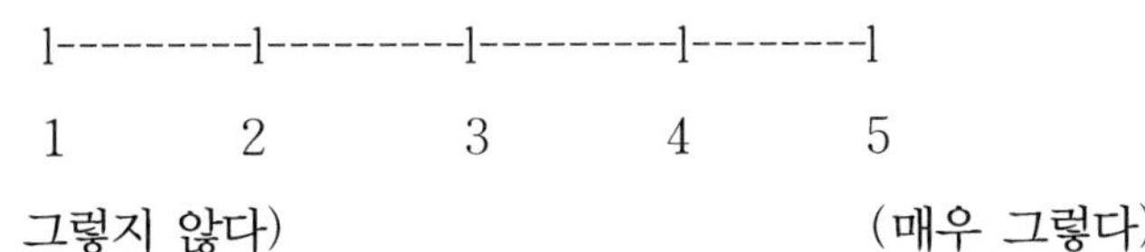

(전혀 그렇지 않다)　　　　　　　　　　　(매우 그렇다)

2. 귀 시설의 보육서비스에 관한 질문입니다.

전혀 그렇지 않다. --- 1 / 대체로 그렇지 않다. ---- 2

보통이다. ---------- 3 / 대체로 그렇다. --------- 4

매우 그렇다.--------- 5

1	교육 목적은 합리적이며 현실적이다.	①	②	③	④	⑤
2	교직원과 학부모는 교육 목적을 충분히 인지하고 있다.	①	②	③	④	⑤
3	개인 유아의 성장 및 발달에 관한 정보를 수집하여 참고한다.	①	②	③	④	⑤
4	개인 유아에게 적절한 방법을 사용하여 수시로 평가한다.	①	②	③	④	⑤
5	유아 문제에 대해 상담 또는 자문할 수 있는 전문 기관이 있다.	①	②	③	④	⑤
6	장기(연간 또는 월간), 단기(주간 또는 일일)교육 계획이 있다.	①	②	③	④	⑤
7	교육과정은 유아의 전인적 성장과 발달에 적절하도록 통합적으로 구성한다.	①	②	③	④	⑤
8	교육과정은 가족, 지역 사회의 관심 요구를 반영하여 계획한다.	①	②	③	④	⑤
9	교육과정은 특수아의 요구를 반영하여 계획한다.	①	②	③	④	⑤
10	감각기관, 협응, 소근육 운동, 대근육 운동을 위한 교육 경험을 제공한다.	①	②	③	④	⑤
11	신체 청결, 질병 예방, 주변 환경의 청결 및 정리 정돈에 관한 교육 경험을 제공한다.	①	②	③	④	⑤
12	식생활 태도, 영양에 관한 교육 경험을 제공한다.	①	②	③	④	⑤
13	안전 의식 및 대처 능력과 관련된 교육 경험을 제공한다.	①	②	③	④	⑤
14	긍정적인 자아상 형성, 감정과 사고의 인식 · 표현 · 조절, 자조 기술 향상을 위한 교육 경험을 제공한다.	①	②	③	④	⑤
15	예절 · 질서 · 절약 태도를 형성하기 위한 교육 경험을 제공한다.	①	②	③	④	⑤

16	타인 이해와 존중, 협동놀이, 공동 작업, 또래 학습, 공공규칙의 이해와 관련된 교육 경험을 제공한다.	①	②	③	④	⑤
17	가족, 이웃, 사회 현상, 환경에 관련된 교육 경험을 제공한다.	①	②	③	④	⑤
18	조형적 형태 탐색, 그리기, 만들기와 꾸미기, 작품 감상과 관련된 교육 경험을 제공한다.	①	②	③	④	⑤
19	소리 탐색과 만들기, 노래 부르기, 리듬악기 다루기, 음악 감상과 관련된 교육 경험을 제공한다.	①	②	③	④	⑤
20	움직임 탐색, 신체적 표현, 춤 감상과 관련된 교육 경험을 제공한다.	①	②	③	④	⑤
21	극놀이로 표현하기, 각종 유형의 연극 및 영화 감상하기 등의 교육 경험을 제공한다.	①	②	③	④	⑤
22	소리 변별과 이해, 경청하기, 올바른 언어 사용, 의사소통 기술 및 태도에 관한 교육 경험을 제공한다.	①	②	③	④	⑤
23	여러 가지 장르의 문학 작품을 감상하고 표현하는 교육 경험을 제공한다.	①	②	③	④	⑤
24	주변 글자, 읽기, 쓰기에 관심을 가지게 하는 교육 경험을 제공한다.	①	②	③	④	⑤
25	자신의 신체 구조와 기능, 주변의 사물과 사건 탐색, 다양하고 독특한 생각하기 등의 교육 경험을 제공한다.	①	②	③	④	⑤
26	분류, 순서 짓기, 수의 인식과 활용, 측정, 시간, 공간, 통계와 관련된 교육 경험을 제공한다.	①	②	③	④	⑤
27	신체, 생물, 자연현상, 물체와 물질, 기계와 도구에 관련된 교육 경험을 제공한다.	①	②	③	④	⑤
28	다양한 정보를 수집하고 활용하는 교육 경험을 제공한다.	①	②	③	④	⑤
29	일과는 유아의 발달 수준, 상태, 실내·외, 개별·집단, 정·동적 활동의 균형을 고려하여 배치한다.	①	②	③	④	⑤
30	일과는 일관성이 있되 유아의 흥미, 요구, 개인차, 일기 변화 등에 따라 융통성 있게 운영한다.	①	②	③	④	⑤
31	교사는 유아를 애정적이며, 긍정적인 자세로 대한다.	①	②	③	④	⑤

32	교사는 유아의 성장 발달에 적절한 언어를 사용한다.	①	②	③	④	⑤
33	교사는 활동의 특성과 유아의 특성을 모두 반영하여 적절하게 상호 작용한다.	①	②	③	④	⑤
34	유아의 개별 요구를 반영한 자유놀이 시간이 있다.	①	②	③	④	⑤
35	자유놀이의 시간 길이, 활동 영역의 구성, 놀이 자료는 유아의 발달 수준에 적합하다.	①	②	③	④	⑤
36	교사는 유아가 적극적으로 놀이하도록 능동적으로 상호 작용 한다.	①	②	③	④	⑤
37	집단적 활동은 다양하게 이루어지고 있다.	①	②	③	④	⑤
38	집단 활동의 내용 및 방법은 집단적으로 실시하기에 적합하다.	①	②	③	④	⑤
39	집단 활동의 내용 및 방법은 개인차를 반영하고 있다.	①	②	③	④	⑤
40	교육 실제는 교육 계획과 일치한다.	①	②	③	④	⑤
41	적절한 방법으로 교육과정을 평가한다.	①	②	③	④	⑤
42	교육과정 평가 결과를 교육과정 계획, 학부모 상담 및 교육, 교직원 교육 등에 활용한다.	①	②	③	④	⑤
43	교직원과 학부모가 교육과정에 만족한다.	①	②	③	④	⑤
44	유아의 영양 상태 및 요구를 분석, 기록하여 급식 계획에 반영한다.	①	②	③	④	⑤
45	균형 있는 식단을 마련하여 실천하고 있다.	①	②	③	④	⑤
46	식품의 구입 · 저장 관리가 철저하다.	①	②	③	④	⑤
47	조리와 배식 과정이 위생적이다.	①	②	③	④	⑤
48	유아의 건강을 정기적으로 검진한다.	①	②	③	④	⑤
49	교직원의 건강 검진을 정기적으로 실시한다.	①	②	③	④	⑤
50	유아의 건강 문제 상담과 가족지원을 위해 의료기관과 협력한다.	①	②	③	④	⑤
51	교직원은 위생관념이 철저하며 청결한 태도가 생활화되어 있다.	①	②	③	④	⑤
52	구강 위생 지도를 철저히 한다.	①	②	③	④	⑤
53	교직원과 가족은 유아의 질병 예방을 위한 기초 지식을 가지고 있다.	①	②	③	④	⑤
54	유아의 적응에 따른 문제 지도를 위해 가족과 협력한다.	①	②	③	④	⑤

55	유아, 가족, 교사를 대상으로 아동 학대 예방 교육을 실시한다.	①	②	③	④	⑤
56	적절한 아동 학대 대처방안을 가지고 있다.	①	②	③	④	⑤
57	사고 발생 요인을 제거하고 긴급사태에 철저히 대비하고 있다.	①	②	③	④	⑤
58	차량을 안전하게 운행하고 승·하차 안전지도가 철저하다.	①	②	③	④	⑤
59	각종 사고에 대비하여 보험에 가입하고 있다.	①	②	③	④	⑤
60	응급처치 및 의약품 투여 절차를 제도화하여 보호자의 동의하에 시행한다.	①	②	③	④	⑤
61	의약품은 안전하게 관리·보관한다.	①	②	③	④	⑤
62	비상연락망을 가지고 있으며 교직원은 각자의 역할을 인지하고 있다.	①	②	③	④	⑤
63	학부모를 대상으로 자녀 교육이나 자기 발전과 관련된 교육 프로그램이 있다.	①	②	③	④	⑤
64	학부모가 교실의 자원 봉사자, 운영위원회 등의 일원으로 참여하는 프로그램이 있다.	①	②	③	④	⑤
65	사회적 서비스 차원에서 가족 복지를 지원하는 프로그램이 실시되고 있다.	①	②	③	④	⑤
66	학부모는 기관이 제공한 가족 서비스 프로그램에 만족하고 있다.	①	②	③	④	⑤
67	교육과정 운영, 가족 지원 등을 위해 지역 사회의 물적·인적 자원을 효과적으로 활용한다.	①	②	③	④	⑤
68	교육·보육기관의 자원과 정보를 활용하여 지역 사회에 서비스를 제공한다.	①	②	③	④	⑤
69	타 유아교육·보육기관과 연계망을 형성하여 상호 협력 체제를 갖추고 있다.	①	②	③	④	⑤
70	정보 공유 및 의사 결정을 위해 전산망을 구축하고 적극 활용하고 있다.	①	②	③	④	⑤

3. 다음은 귀하의 자기 자신에 대한 견해입니다.

전혀 그렇지 않다. ------ 1

대체로 그렇지 않다. ---- 2

보통이다. ------------- 3

대체로 그렇다. --------- 4

매우 그렇다.----------- 5

1	나는 내가 다른 사람들처럼 가치 있는 사람이라고 생각한다.	①	②	③	④	⑤
2	나는 내가 좋은 성품을 가졌다고 생각한다.	①	②	③	④	⑤
3	나는 가끔 내가 실패한 사람이라는 생각이 든다.	①	②	③	④	⑤
4	나는 다른 사람들만큼 일을 잘 할 수 있다고 생각한다.	①	②	③	④	⑤
5	나는 자랑할 것이 별로 없다.	①	②	③	④	⑤
6	나는 내 자신에 대해 긍정적인 태도를 가지고 있다.	①	②	③	④	⑤
7	나는 내 자신에 대해 대체로 만족한다.	①	②	③	④	⑤
8	나는 내 자신을 좀더 존중할 수 있으면 좋겠다.	①	②	③	④	⑤
9	나는 가끔 내가 쓸모없는 사람이라는 생각이 든다.	①	②	③	④	⑤
10	나는 때때로 내가 좋지 않은 사람이라는 생각이 든다.	①	②	③	④	⑤

끝까지 응답해 주셔서 감사합니다.

· 저자 ·

조인숙   · 약 력 ·
(趙仁淑)   덕성여자대학교 대학원 유아교육전공 교육학박사
         전 부천 근로복지공단 어린이집 시설장
            덕성여자대학교, 숭실대학교, 한양대학교 교육대학원 강사
         현 한국보육정책학회 이사
            시우보육개발연구소 소장

         · 주요논저 ·
         「사회지능 프로그램개발연구」
         「교사 평정용 유아사회지능 평가도구의 개발」
         「장애아에 대한 인식 전환을 위한 프로그램 연구」
         「평화교육 프로그램이 유아의 평화개념 및 갈등해결 전략에 미치는 영향」
         『방과후아동 보육시설 운영의 이론과 실제』(공저)
         『보육 실습의 이해』(공저)
         외 다수

보육시설 조직문화와
보육서비스의 질

· 초판 인쇄	2007년 9월 30일
· 초판 발행	2007년 9월 30일
· 지 은 이	조인숙
· 펴 낸 이	채종준
· 펴 낸 곳	한국학술정보㈜
	경기도 파주시 교하읍 문발리 526-2
	파주출판문화정보산업단지
	전화 031) 908-3181(대표) · 팩스 031) 908-3189
	홈페이지 http://www.kstudy.com
	e-mail(출판사업부) publish@kstudy.com
· 등 록	제일산-115호(2000. 6. 19)
· 가 격	23,000원

ISBN   978-89-534-7055-2 93370 (Paper Book)
        978-89-534-7056-9 98370 (e-Book)